治企有方

中共国家能源集团党校（管理干部学院）编写组 ◎ 编著

机械工业出版社
CHINA MACHINE PRESS

习近平总书记高度关注国有企业干部队伍建设，他明确提出了"对党忠诚、勇于创新、治企有方、兴企有为、清正廉洁"的国有企业干部二十字要求。"治企有方"是国有企业领导干部践行"二十字"要求、实现创新驱动高质量发展的根本保障。本书在深入探讨"治企有方"的内涵与价值的基础上，从使命驱动、文化引领、制度保障、领导赋能、数字化使能五个维度，系统阐述了国有企业干部治企的途径。

本书力求做到理论与实践有机结合，在解读政策的基础上，系统阐述理论，并给出具体的实现路径。对案例的解读与思考，将强化读者对理论的理解。本书具有广泛的适用性，既面向全体国有企业干部，又体现了能源行业特色。阅读本书，将有助于国有企业领导干部理解治企有方的本质与价值，并提升其有效治企的能力。

图书在版编目（CIP）数据

治企有方／中共国家能源集团党校（管理干部学院）编写组编著.
—北京：机械工业出版社，2021.6
国家能源集团干部教育培训系列教材
ISBN 978-7-111-68211-0

Ⅰ.①治… Ⅱ.①中… Ⅲ.①能源工业-工业企业-企业管理-干部培训-教材 Ⅳ.①F426.2

中国版本图书馆 CIP 数据核字（2021）第 086774 号

机械工业出版社（北京市百万庄大街 22 号　邮政编码 100037）
策划编辑：朱鹤楼　　　责任编辑：朱鹤楼　侯春鹏
责任校对：李　伟　　　责任印制：孙　炜
北京联兴盛业印刷股份有限公司印刷
2021 年 6 月第 1 版·第 1 次印刷
145mm×210mm·7.5 印张·140 千字
标准书号：ISBN 978-7-111-68211-0
定价：52.00 元

电话服务　　　　　　　　　网络服务
客服电话：010-88361066　　机　工　官　网：www.cmpbook.com
　　　　　010-88379833　　机　工　官　博：weibo.com/cmp1952
　　　　　010-68326294　　金　书　网：www.golden-book.com
封底无防伪标均为盗版　机工教育服务网：www.cmpedu.com

丛书序

党的十九大报告提出要着力建设高素质专业化干部队伍。《2018—2022年全国干部教育培训规划》中提出,干部教育培训是干部队伍建设的先导性、基础性、战略性工程,在进行伟大斗争、建设伟大工程、推进伟大事业、实现伟大梦想中具有不可替代的重要地位和作用。国有企业作为中国特色社会主义的重要政治基础和物质基础,更要高度重视干部教育培训工作,把加强干部队伍建设和人才培养作为新时代企业发展的重要任务和中心工作。

2017年11月28日,经党中央、国务院批准,中国国电集团公司和神华集团有限责任公司两家世界500强企业合并重组为国家能源投资集团有限责任公司(以下简称国家能源集团)。2018年5月,原国电培训中心与原神华管理学院重组成立国家能源集团管理干部学院(以下简称学院),自此,国家能源集团人才培养工作拉开序幕。作为集团党员领导干部教育培训的主阵地、主渠道,学院以"为企业发展助力,为人才成长赋能"为使命,在集团党组的领导下,围绕如何建设一支高素质、专业化干部队伍,着力探索培训与工作相融合的有效方式,以培训为载体,服务引领型领导人才、创新型青年人才、复合型党群人才、开拓型国际化人才等五类核心人才，促进人才队伍建设、推动集团工作开展。

2016年10月，习近平总书记在全国国有企业党的建设工作会议上提出了国有企业好干部的"二十字"要求，即"对党忠诚、勇于创新、治企有方、兴企有为、清正廉洁"。这是对国有企业领导干部履职尽责提出的明确要求，为新时期有效开展干部教育培训提供了根本依据。国有企业干部教育培训需要理论与实践的深度融合，习近平总书记提出的"好干部"标准与企业经营、管理实践的紧密结合是干部教育培训的有力抓手，是人才培养落实落地的重要途径。为此，学院经过多方论证，邀请相关领域的专家成立编写组，以"二十字"要求为主线，依托培训平台，开展学员研讨、重点访谈，历时两年，编写了《对党忠诚》《勇于创新》《治企有方》《兴企有为》《清正廉洁》五本教材，希望为读者呈现出丰满的、有温度的国有企业"好干部"形象，希望这些教材成为各层级干部可学习、能学会的教育读本。

国家能源集团立足国资委提出的"三个领军""三个领先""三个典范"的基本要求，确立了以建设具有全球竞争力的世界一流能源集团为目标，致力于打造创新型、引领型、价值型企业，推进清洁化、一体化、精细化、智慧化、国际化发展，实现安全一流、质量一流、效益一流、技术一流、人才一流、品牌一流和党建一流的"一个目标、三型五化、七个一流"的总体发展战略。本系列教材的编写正是以干部队伍建设和人才培养为引擎，为建设具有全球竞争力的世界一流能源集团赋能、助力。其中，以对党忠诚衡量干部的政治担当，以勇于创新推动创新型企业建设，以治企有方推动价值型企业建设，以兴企有为推动引领型企业建设，以清正廉洁筑牢拒腐防变底线。

干部队伍建设关系到国有企业的兴衰，关系到国民经济的稳定与发展，打造对党忠诚、勇于创新、治企有方、兴企有为、清正廉洁的高素质专业化干部队伍，是国有企业做强做优、保证党对经济领域坚强领导的重要基础，希望本系列教材能够为国有企业干部教育培训提供有用的素材。

囿于理论水平及专业素养，编写组对政策理论的理解深度和把握程度尚有欠缺，对专业问题的剖析还有待深入，措辞表达仍需打磨，不足之处，敬请广大读者批评指正！

中共国家能源集团党校（管理干部学院）编写组
2021年4月

推荐序

习近平总书记在党的十九大报告中指出:"我国经济已由高速增长阶段转向高质量发展阶段。"在新的发展阶段,要贯彻创新、协调、绿色、开放、共享发展的理念,以创新驱动代替要素驱动、投资驱动。国有企业是实现新发展理念的主体,要持续深化改革创新,全力以赴实现创新驱动的高质量发展。

当前,全球风云变幻,市场竞争愈加激烈,技术革新飞速迭代,使企业面临着更大的复杂性和不确定性。为了有效管理不确定性,实现国有企业的创新驱动高质量发展,亟需强化企业使命的驱动、企业文化的引领、企业制度的保障、企业领导的赋能以及数字化的使能。国有企业肩负着社会主义现代化建设的重大使命,如何在复杂的环境中把握住商业机遇,变革体制机制,以提升其创新能力与价值创造能力一直是我国政府以及社会各界高度关注的主题。今年是《国企改革三年行动方案(2020－2022年)》的关键年,持续深化公司治理改革,加快完善中国特色现代企业制度,是国有企业改革的重要工作内容。

高素质的干部队伍是践行国有企业历史使命的关键力量,是强化党对经济领域的领导以及做强、做优、做大国有企业的重要基础。习近平总书记高度关注国有企业的干部队伍建设,他提出的"对党忠诚、勇于创新、治企有方、兴企有为、清正廉洁"的国有企业领导干部"二十字"要求,为强化国有企业领导干部治企,实现国有企业的历史使命指明了方向。

《治企有方》一书将量子科学哲学观视域下的量子思维贯穿全书,从整体的角度出发,提出了国有企业领导干部应强化"使命驱动、文化引领、制度保障、领导赋能以及数字化使能"等五种途径治企的能力建设。其中,企业使命不仅是企业行为的逻辑起点,也是新时代国有企业领导干部的根本驱动力量,更是引领国有企业高质量发展的动力之源。越来越多的企业关注使命感的驱动力,并通过使命感为企业注入生生不息的动力源泉。企业文化的培育对企业的长足发展至关重要,"党建引领文化、文化促进党建"的企业文化建设,潜移默化地影响着组织成员,通过内化于心,外显于行,形成价值共创的巨大凝聚力。良好的决策制度、激励制度以及约束制度是企业持续竞争优势的来源,是提升国有企业价值创造能力的根本保障。公司治理是新时期深化国有企业改革的主线。国有企业领导干部要坚持党的领导,将党组织嵌入治理结构与治理机制中,通过优化董事会治理,实现权力的有效制衡与科学决策,增强国有企业的竞争力、创新力、控制力、影响力以及抗风险能力。在高度不确定的竞争环境下,国有企业领导干部必须树立量子思维意识,将价值创造视为企业存在的目的,塑造超越利润之上的核心理念,并通过制度变革、组织变革、商业模式变革等管理创新实施组织重构。国有企业领导干部在领导中,要实施从"控制"为主向"激活"为核心的领导模式转变,通过赋能员工,激发员工的创造力,使国有企业具有更强的应对不确定性与共创商业生态系统价值的能力。目前，数字经济成为全球经济的增长引擎，以数字作为关键资源，以信息技术为驱动力，加快数字化开发、网络化协同、智能化应用，不仅是企业高质量发展的重要动力、构筑国际竞争新优势的途径，也是构建创新驱动发展格局的有力抓手。领导干部要树立数字化运营的理念，强化数字化建设的制度设计与组织设计，并具备以数字化技术整合公司内外部资源进行决策与实施决策的能力。

国有企业的改革与转型升级需要借鉴更多前沿的思想和学术成果，这本书在梳理国内外经典理论与学术成果的基础上，嵌入了前沿的量子思维，结合现实需求，提出了国有企业领导干部治企能力提升的路径。在详细阐述了五种路径的基础上，结合典型案例阐述了五种路径的实施方法，为国有企业领导干部治企提供了理论与经验借鉴，增强了本书的可读性与可操作性。其中的量子思维也为我们认知世界提供了科学哲学基础，对开拓思维方式具有重要的启发价值。《治企有方》这本书，对于改善科学哲学思维，增强干部治企、兴企的理论水平，提高国有企业领导干部的治理能力和领导效能具有重要的借鉴价值。

李维安

中国管理现代化研究会联职理事长

教育部工商管理教学指导委员会副主任委员

南开大学讲席教授、中国公司治理研究院院长

前　言

习近平总书记在党的十九大报告中指出，我国经济已经进入了"由高速增长转向高质量发展"的新阶段，要实现创新驱动代替要素驱动的发展战略。国有企业是实现新发展理念的主体，要在持续深化改革创新，全力以赴实现高质量发展，增强国有经济竞争力、创新力、控制力、影响力、抗风险能力中发挥关键力量。国有企业是贯彻执行党中央决策部署、贯彻新发展理念、全面深化改革的重要力量。国有企业领导人是党在经济领域的执政骨干，是治国理政复合型人才的重要来源，肩负着践行社会主义核心价值观、确保国有资产保值增值的重要责任。

培育具有全球竞争力的世界一流企业，是党的十九大做出的重要战略部署。能源集团作为十九大之后首个重组整合的中央企业以及国务院国资委确定的中央企业创建世界一流示范企业，肩负着重要的历史使命。为了贯彻落实党中央重要战略部署和习近平总书记重要指示批示精神，深化国资国企改革、践行"四个革命、一个合作"能源安全新战略、保障国家资源安全，国家能源集团提出了"一个目标、三型五化、七个一流"发展战略，成为践行"三个领军""三个领先""三个典范"要求的能源企业。"一个目标"即建设具有全球竞争力的世界一流能源集团；"三型五化"指打造创新型、引领型、价值型企业，推进清洁化、一体化、精细化、智慧化、国际化发展;"七个一流"即实现安全一流、质量一流、效益一流、技术一流、人才一流、品牌一流和党建一流。一个目标是战略统领,三型企业是战略取向,五化发展是实施路径,七个一流是重点要求。

高素质的干部队伍是践行国有企业历史使命的关键力量,是强化党对经济领域的领导以及做强做优做大国有企业的重要基础。习近平总书记高度关注国有企业的干部队伍建设,他明确指出:坚持党的领导、加强党的建设,是我国国有企业的光荣传统,是国有企业的"根"和"魂",是我国国有企业的独特优势;"要通过加强和完善党对国有企业的领导、加强和改进国有企业党的建设,使国有企业成为党和国家最可信赖的依靠力量,成为坚决贯彻执行党中央决策部署的重要力量,成为贯彻新发展理念、全面深化改革的重要力量",国有企业领导干部要"对党忠诚、勇于创新、治企有方、兴企有为、清正廉洁"。习近平总书记的讲话精神为强化国有企业干部治企,提升国有企业的价值创造力,实现国有企业的历史使命指明了方向。

"对党忠诚、勇于创新、治企有方、兴企有为、清正廉洁"中的"治企有方"是国有企业领导干部践行"二十字"要求、实现国有企业创新驱动高质量发展的根本保障,也是国家能源集团建设价值型企业的关键标准。本书以坚持中国特色现代企业制度为方向,以坚持党对国有企业的领导为核心,在深入探讨"治企有方"的内涵与价值的基础上,针对国有企业领导干部治企的实现途径进行了系统的阐述,并结合知名企业的案例分析,为国有企业领导干部治企提供理论与实践借鉴。

本书认为"治企有方"的核心是国有企业领导干部要坚持以党的领导为核心，要胸怀"中华民族伟大复兴的战略全局以及世界百年未有之大变局"两个大局，增强"政治意识、大局意识、核心意识、看齐意识"四个意识，坚定"中国特色社会主义道路自信、理论自信、制度自信、文化自信"四个自信。通过知行合一与真抓实干，以创新驱动国有企业高质量发展，实现中华民族伟大复兴。本书认为国有企业领导干部有效治企，主要通过五种路径实现：

（1）使命驱动。组织只有明确使命才能灵活地适应环境。使命感是组织演化的吸引子，是驱动组织从一个状态向另一个状态自演化的内在力量。国有企业领导干部肩负着实干兴邦、实干兴企的崇高使命和历史重任，要始终坚持实字当头、干字为先，做新时代敢干事、善干事、干成事的实干家。

（2）文化引领。培育优秀的企业文化是企业基业长青与持续成长的根基。国有企业领导干部，要致力于培育优秀的企业文化，并将核心价值理念通过制度文化予以贯彻实施。使企业所有员工将企业文化的核心价值理念内化于心，外显于行，同频共振于创新驱动高质量发展的战略之下，提升国有企业的价值创造能力。

（3）制度保障。良好的制度是企业保持竞争优势的来源，是提升国有企业价值创造能力的基础。国有企业必须坚持党的领导，将党委参与治理嵌入治理结构与治理机制中，实现科学决策与有效制衡。国有企业领导干部，要通过良好的决策制度、运营制度、激励制度与监督制度等制度设计，增强企业的决策能力与监督能力。确保企业在正确的战略方向指引下，以高效率的方式，提升活力与价值创造能力。

（4）领导赋能。狭隘的商业价值观、恐惧、贪婪等负面动机驱使企业仅仅以追逐利润为核心，使员工失去信心、企业丧失活力、相关方利益受损、商业环境遭到破坏。在创新驱动高质量发展的时代，国有企业领导干部需要具备探索、合作、创新、服务精神等更高层次的内在动机，实施基于使命驱动的商业行为。在领导行为中，要从以"控制"为主向以"激活"为核心的领导模式转变，通过赋能员工，激发员工的创造力，增强员工的满意度。

（5）数字化使能。推进数字化建设是国有企业构建创新驱动的高质量发展格局，形成产业链协同与集聚效应，打造产业竞争优势的必经之路。国有企业领导干部要提高数字化的使能效应，须全面提升数字化管理的能力。

总之，国有企业领导干部要在国有企业中贯彻落实现代企业制度，带领全体员工实现创新驱动的高质量发展，要以党的领导为核心，坚持中国特色社会主义道路，持续提升政治素养与业务水平，全面强化以"使命驱动、文化引领、制度保障、领导赋能、数字化使能"五种途径治企的能力建设。

本书为求做到理论与实践有机结合，在解读政策的基础上，系统阐述理论，并给出具体实现路径。阅读本书，将有助于理解治企有方的本质和价值，并提升其有效治企的能力。

目 录

丛书序
推荐序
前　言

第1章
国有企业领导干部治企有方的认知

1.1 治企有方的内涵与价值 ... 003
1.1.1 国有企业领导干部治企有方的内涵 ... 003
1.1.2 国有企业领导干部"治企有方"的价值 ... 005
1.2 国有企业领导干部治企的实践路径 ... 008
1.2.1 使命驱动 ... 008
1.2.2 文化引领 ... 009
1.2.3 制度保障 ... 010
1.2.4 领导赋能 ... 013
1.2.5 数字化使能 ... 014

第 2 章

国有企业领导干部治企实现路径之一：使命驱动

2.1 国有企业类别与战略定位 ... 019
2.1.1 国有企业类别 ... 019
2.1.2 国有企业战略定位 ... 021
2.2 国有企业的责任与使命 ... 024
2.2.1 国有企业的责任 ... 024
2.2.2 国有企业的使命 ... 030
2.3 国有企业领导干部"二十字"要求与企业家精神 ... 038
2.3.1 国有企业领导干部"二十字"要求 ... 038
2.3.2 国有企业领导干部的企业家精神 ... 041
2.4 案例：使命铸就中国航天科工成为国防科技主力军 ... 047

第 3 章

国有企业领导干部治企实现路径之二：文化引领

3.1 国有企业文化的价值与内容 ... 059
3.1.1 国有企业文化的内涵 ... 060
3.1.2 国有企业文化的作用 ... 064
3.1.3 国有企业文化的内容 ... 068
3.2 国有企业领导干部文化治企的措施 ... 070
3.2.1 明确使命与愿景 ... 071
3.2.2 确定价值观 ... 072
3.2.3 完善制度建设 ... 073
3.2.4 强化组织保障 ... 075
3.2.5 强化观念引导 ... 076
3.3 案例：企业文化赋能龙源电力持续成长 ... 076

第4章 国有企业领导干部治企实现路径之三：制度保障

4.1 国有企业改革的历史演进 ... 085
4.1.1 1993—1997年 国有企业现代企业制度建设初期 ... 085
4.1.2 1998—2002年 国有企业公司治理结构与机制建设期 ... 086
4.1.3 2003年至今 国有企业混合所有制改革期 ... 087
4.2 国有企业党委参与治理 ... 101
4.2.1 党委参与治理的理论依据 ... 103
4.2.2 党委参与治理的演进历程 ... 105
4.2.3 党委参与治理的基本内容 ... 109
4.3 国有企业的董事会治理 ... 117
4.3.1 董事会治理的理论依据 ... 118
4.3.2 国有企业董事会的职能 ... 126
4.3.3 国有企业董事会的决策机制 ... 129
4.3.4 国有企业董事会的监督机制 ... 135
4.4 案例：中国神华的公司治理 ... 138

第5章 国有企业领导干部治企实现路径之四：领导赋能

5.1 国有企业领导干部治企的理念与量子思维变革 ... 147
5.2 国有企业领导干部战略领导力及其培育 ... 155
5.2.1 领导的基本认知 ... 155
5.2.2 国有企业领导干部战略领导力 ... 157
5.3 国有企业领导干部的领导效能 ... 166

5.3.1 目标达成情况 ... 166
5.3.2 员工满意状况 ... 168
5.4 案例：宁高宁的非凡领导力 ... 171

第6章
国有企业领导干部治企实现路径之五：数字化使能

6.1 国有企业数字化建设的背景与意义 ... 183
6.1.1 国有企业数字化建设的时代背景 ... 183
6.1.2 国有企业数字化建设的意义 ... 190
6.2 国有企业领导干部数字化管理的能力要求 ... 195
6.3 国有企业数字化建设的内容 ... 198
6.4 案例：数字化转型让海尔生态系统持续创造价值 ... 208

参考文献 ... 217

第1章
国有企业领导干部治企有方的认知

"治企有方"是习近平总书记对国有企业领导干部提出的"二十字"要求之一。我国经济进入创新驱动的高质量发展时期，坚持和加强党对企业的全面领导，完善适应中国特色现代国有企业制度要求和市场竞争需要的选人用人机制，提高国有企业领导干部管理工作质量，打造对党忠诚、勇于创新、治企有方、兴企有为、清正廉洁的高素质专业化国有企业领导干部队伍，进一步激励国有企业领导干部新时代新担当新作为，把国有企业建设成为党和人民可以信赖、依靠的"大国重器"，具有十分重要的意义。正确理解"治企有方"的内涵与价值，以及培养国有企业领导干部治企能力，是提升国家竞争力、实现国有资产保值增值、确保国有企业持续成长与高质量发展的前提。本部分将围绕"治企有方"的内涵与价值以及国有企业领导干部实现有效治企五个途径的基本框架展开论述。

1.1 治企有方的内涵与价值

1.1.1 国有企业领导干部治企有方的内涵

"治企有方"是习近平总书记在 2016 年 10 月 10 日至 11 日于北京举行的全国国有企业党的建设工作会议上,对国有企业领导干部提出的"二十字"要求(即"对党忠诚、勇于创新、治企有方、兴企有为、清正廉洁")的基本要求之一。这是由"国有企业领导人是党在经济领域的执政骨干,是治国理政复合型人才的重要来源,肩负着经营管理国有资产、实现保值增值重要责任"的历史地位和使命所决定的。

国有企业是中国特色社会主义的重要物质基础和政治基础,是党执政兴国的重要支柱和依靠力量。强化国有企业领导干部的地位,事关我国公有制主体的地位、党的执政地位和执政能力、我国社会主义制度的建设以及国有企业的价值创造能力。当前,中国特色社会主义进入新时代,国有企业改革进入关键时期,党对国有企业的领导依赖于领导干部对党的路线方针政策的落实,国有企业竞争力与价值创造能力取决于国有企业领导干部的政治素养与业务能力。党的十八大以来,国有企业开启了全面深化改革的新篇章。一系列有关国有企业领导干部队伍建设的制度文件如《关于在深化国有企业改革中坚持党的领导加强党的建设的若干意见》《中央企业党建工作责任制实施办法》《中央企业领导人员管理规定》《中央企业领导班子和领导人员综合考核评价办法(试行)》以及《中央企业领导人员选拔任用廉洁从业结论性评价办法》等的颁布,体现了中央对国有企业领导干部队伍建设的高度重视。

"治企有方"的内涵十分丰富,其核心是国有企业领导干部要坚持党的领导为核心,以使命为驱动力、以企业文化为引领、以制度为保障、以领导赋能、以数字化使能,以提升国家竞争力、实现国有资产保值增值、增强国有企业的价值创造能力以及实现国有企业高质量发展为根本目标,通过持续学习与管理实践,提升其政治素养以及业务水平,强化其治企能力。

习近平总书记在全国国有企业党建工作会议上明确指出,坚持党的领导、加强党的建设,是我国国有企业的光荣传统,是国有企业的"根"和"魂",是我国国有企业的独特优势。企业领导干部在对国有企业进行管理时必须"坚持党对国有企业的领导不动摇,发挥党组织的领导核心和政治核心作用,保证党和国家方针政策、重大部署在国有企业贯彻执行;坚持服务生产经营不偏离,把提高企业效益、增强企业竞争实力、实现国有资产保值增值作为国有企业党组织工作的出发点和落脚点,以企业改革发展成果检验党组织的工作和战斗力",要"坚持党组织对国有企业选人用人的领导和把关作用不能变,着力培养一支庞大的高素质企业领导干部队伍;坚持加强国有企业基层党组织不放松,为做强做优做大国有企业提供坚强的组织保证"。

1.1.2 国有企业领导干部"治企有方"的价值

"治企有方"是我国国有企业经过70多年的发展,总结出的新时期国有企业领导干部"二十字"要求之一。国有企业领导干部是党的干部,必须做到"对党忠诚、勇于创新、治企有方、兴企有为、清正廉洁",这是好干部标准在国有企业的具体化。习近平总书记强调,要通过加强和完善党对国有企业的领导、加强和改进国有企业党的建设,使国有企业成为党和国家最可信赖的依靠力量,成为坚决贯彻执行党中央决策部署的重要力量,成为贯彻新发展理念、全面深化改革的重要力量,成为实施"走出去"战略、"一带一路"建设等重大战略的重要力量,成为壮大综合国力、促进经济社会发展、保障和改善民生的重要力量,成为我们党赢得具有许多新的历史特点的伟大斗争胜利的重要力量。习近平总书记要求:"坚持有利于国有资产保值增值、有利于提高国有经济竞争力、有利于放大国有资本功能的方针,推动国有企业深化改革、提高经营管理水平,加强国有资产监管,坚定不移把国有企业做强做优做大。"

国有企业领导干部"治企有方"是独具特色的中国现代国有企业制度的创新,具有重要的理论价值与实践价值。

1. 完善中国特色现代企业制度建设

完善现代企业制度建设是新时期国有企业深化改革,实现创新驱动高质量发展的根本保障。"治企有方"要求国有企业领导干部坚持以党的领导为核心,坚定"中国特色社会主义道路自信、理论自信、制度自信、文化自信"四个自信。党的十四届三中全会明确提出建立"产权清晰、权责明确、政企分开、管理科学"的现代企业制度,对于强化国有企业治理具有划时代的里程碑意义。根据情景嵌入理论,现代企业制度的实施须根植于我国的政治体制、经济模式、法律体系及社会文化特质等情境予以创新。经过几十年的探索,我国逐步形成了中国特色的现代企业制度。2016年10月习近平总书记在全国国有企业党的建设工作会议上明确指出,"坚持党对国有企业的领导是重大政治原则,必须一以贯之;建立现代企业制度是国有企业改革的方向,也必须一以贯之。中国特色现代国有企业制度,'特'就特在把党的领导融入公司治理各环节,把企业党组织内嵌到公司治理结构之中,明确和落实党组织在公司法人治理结构中的法定地位,做到组织落实、干部到位、职责明确、监督严格。这就明确要求我们切实把加强党的领导和完善公司治理统一起来,充分发挥党组织的领导核心和政治核心作用。"2019年11月党的十九届四中全会决议明确提出:"中国共产党领导是中国特色社会主义最本质的特征,是中国特色社会主义制度的最大优势,党是最高政治领导力量。"

党委参与国有企业治理是国有企业领导干部"治企有方"的核心,国有企业将党的领导嵌入公司治理中,是独具特色的中国国有企业治理模式。国有企业领导干部只有坚定不移地坚持党的领导，才能凝聚力量做强做优做大国有企业，使国有企业成为党和人民最可信赖的依靠力量。

2. 促进国有企业有效实现高质量发展

2017年在10月18日，习近平总书记在中国共产党第十九次全国代表大会上指出："我国经济已由高速增长阶段转向高质量发展阶段，正处在转变发展方式、优化经济结构、转换增长动力的攻关期。必须坚持质量第一、效益优先，以供给侧结构性改革为主线，推动经济发展质量变革、效率变革、动力变革，提高全要素生产率。"2017年12月召开的中央经济工作会议指出，中国特色社会主义进入了新时代，中国经济已由高速增长阶段转向高质量发展阶段。2019年11月15日，国资委党委书记、主任郝鹏在中央企业经济运行座谈会上强调，国资委要按照党中央、国务院决策部署，坚定贯彻新发展理念，推动中央企业持续深化改革创新，全力以赴稳增长，实现高质量发展，增强国有经济竞争力、创新力、控制力、影响力、抗风险能力，发挥好在国民经济中的"稳定器"作用，为全面做好"六稳"工作贡献力量。

实现经济增长方式的转变是遵循经济发展规律、保持经济持续健康发展以及适应我国社会主要矛盾变化的必然要求。国有企业是实现国民经济创新驱动高质量发展的保障。"治企有方"是国有企业领导干部践行"二十字"要求、实现国有企业创新驱动高质量发展的根本保障。本书构建的"使命驱动、文化引领、制度保障、领导赋能、数字化使能"的国有企业领导干部治企的五维途径（见图1-1），为提高国有企业党建质量，完善中国特色现代企业制度，增强国有经济竞争力、创新力、控制力、影响力、抗风险能力，实现国有企业高质量发展，提供了具体的实施方案。

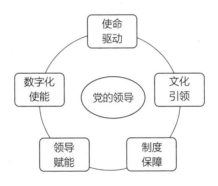

图1-1 国有企业领导干部"治企有方"的五个途径

1.2 国有企业领导干部治企的实践路径

1.2.1 使命驱动

使命就是"通过创造共同精神明确理念，诉诸共同愿景，并感召他人。"企业使命是企业演化的吸引子，是企业行为的逻辑起点。良好的企业使命有助于企业战略的制定、实施与评估。我国国有企业的特殊地位，决定了其非凡的历史使命。

建立使命就是在创造自驱动的内在力量，要将对使命的描述传播给每一位员工，使组织充满实现企业使命需要的信息并形成一致的行动力量。组织只有明确使命才能灵活地适应环境。国有企业领导干部肩负着实干兴邦、实干兴企的崇高使命和历史重任，为了有效治企，必须以使命为己任，并具备建立使命与愿景的能力。要在企业内部建立以使命驱动的组织能量流动模式，使全体员工同频共振于使命的驱动之下。

1.2.2 文化引领

文化是企业管理的一种基本假定是由企业在处理外部适应与内部聚合问题的过程中发明、发现或发展出来的，被全体成员认同的核心价值理念，并传授给企业员工以作为理解、思考和感受相关问题的正确方式。健全与培育优秀的企业文化是企业基业长青与持续成长的根基。

习近平总书记高度关注文化的作用。在 2016 年 7 月 1 日庆祝中国共产党成立 95 周年大会上，习近平总书记明确提出：中国共产党人"坚持不忘初心、继续前进"，就要坚持"四个自信"即"中国特色社会主义道路自信、理论自信、制度自信、文化自信"。其中，文化自信是对中国特色社会主义先进性的自信。坚持文化自信就是要激发党和人民对中华优秀文化传统的历史自豪感，坚定对党领导人民建设社会主义现代化强国，实现中华民族伟大复兴事业的信念，在全社会形成对社会主义核心价值观的普遍共识和坚定信念。习近平总书记强调，坚持党的领导、加强党的建设,是我国国有企业的光荣传统,是国有企业的"根"和"魂"。作为国有企业的"根"与"魂",坚持党的领导也是国有企业文化的核心要素。

国有企业文化是指国有企业在经营管理实践中形成的并为全体干部、员工认同与遵守的价值观、行为理念,并通过制度文化、行为文化以及物质文化予以呈现,由核心价值层、制度层、行为层以及物质层四个层面组成,其核心是价值理念。国有企业领导干部,要具备培育企业文化,并且通过企业文化引领组织成员行为的能力,要使企业所有员工将企业文化的核心价值理念内化于心、外显于行,全体员工同频共振于创新驱动的高质量发展的战略之下,实现国有企业的价值创造。

国有企业领导干部在培育企业文化的过程中,要实现国有企业党建与文化的融合,遵循"党建引领文化、文化促进党建"的企业文化建设思路。将党建视为企业文化建设的思想保障,通过党建工作将企业文化引入正确的方向。在企业核心价值理念中,要深深植入党建意识,要将党建工作嵌入企业活动的每个环节中。

1.2.3 制度保障

良好的制度是企业保持竞争优势的来源,是提升国有企业价值创造能力的根本保障。国有企业肩负着政治、经济与社会发展的多重使命,这决定了国有企业不能仅仅以追求利益最大化为目标，而要实现政治目标、经济目标以及社会目标的多维融合。强化党委参与治理是实现国有企业目标的根本保障。

为了强化国有企业的党委参与治理，2017年中共中央组织部、国务院国资委联合颁布的《中共中央组织部国务院国资委党委关于扎实推动国有企业党建工作要求写入公司章程的通知》（〔2017〕11号）明确指出，把党建工作写进国有企业公司章程，是落实党组织在公司法人治理结构中的法定地位的重要制度安排，是建设中国特色现代国有企业制度的重要举措。2018年新修订的《公司法》⊖以及《公司治理准则》⊜均对国有企业的党委参与治理做出了明确规定。通过法律、制度文件以及公司治理准则等将加强党的领导和完善公司治理相统一，把党的领导融入公司治理各环节，把企业党组织内嵌到公司治理结构中，明确和落实党组织在公司治理结构中的法定地位，为确保国有企业党委（党组织）领导作用发挥的组织化、制度化提供了保障。

为了优化国有企业的股权结构，提升国有企业的活力，党中央推出了混合所有制改革的一系列文件。国办发〔2017〕36号文

⊖ 《公司法》第十九条明确规定："在公司中，根据中国共产党章程的规定，设立中国共产党的组织，开展党的活动。公司应当为党组织的活动提供必要条件。"
⊜ 《公司治理准则》第五条规定："在上市公司中，根据《公司法》的规定，设立中国共产党的组织，开展党的活动。上市公司应当为党组织的活动提供必要条件。国有控股上市公司根据《公司法》和有关规定，结合企业股权结构、经营管理等实际，把党建工作有关要求写入公司章程。"

规定,要将国有企业党委参与治理写入公司章程。2017年十九大报告再次强调要深化国有企业改革,发展混合所有制经济,2019年第十九届四中全会明确指出要深化国有企业改革,完善中国特色现代企业制度,发展混合所有制经济。

目前,我国国有资产管理体系逐步完善,"政企不分,政资不分,企业类别不分"的国有资产管理难题逐渐被破解,为国有企业混合所有制改革奠定了基础。国务院《关于改革和完善国有资产管理体制的若干意见》(国发〔2015〕63号)对国有资产管理机构的定位[一]及其职能转变做出了明确指示[二],成为国有企业混合所有制改革的纲领性文件,为提高国有企业治理的有效性提供了重要的政策性支持。2019年3月推出的一系列注册制改革政策文

[一] 文件明确:"国有资产监管机构作为政府直属特设机构,根据授权代表本级人民政府对监管企业依法履行出资人职责,科学界定国有资产出资人监管的边界,专司国有资产监管,不行使政府公共管理职能,不干预企业自主经营权。以管资本为主,重点管好国有资本布局、规范资本运作、提高资本回报、维护资本安全,更好地服务于国家战略目标,实现保值增值。发挥国有资产监管机构专业化监管优势,逐步推进国有资产出资人监管全覆盖。"

[二] 国有资产监管机构职能转变。围绕增强监管企业活力和提高效率,聚焦监管内容,该管的要科学管理、决不缺位,不该管的要依法放权、决不越位。将国有资产监管机构行使的投资计划、部分产权管理和重大事项决策等出资人权利,授权国有资本投资、运营公司和其他直接监管的企业行使;将依法应由企业自主经营决策的事项归位于企业;加强对企业集团的整体监管,将延伸到子企业的管理事项原则上归位于一级企业,由一级企业依法依规决策;将国有资产监管机构配合承担的公共管理职能,归位于相关政府部门和单位。

件,大大激活了资本市场的活力,为国有企业发展培育了良好的市场空间。

外部环境的优化为国有企业领导干部治企提供了良好的治理基础。为了提升治企水平,国有企业领导干部要坚持党的领导,将党委嵌入治理结构与治理机制中,通过科学决策与有效制衡,增强国有企业的竞争力、创新力、控制力、影响力以及抗风险能力,确保在正确的战略方向指引下,以高效率的方式,提升国有企业的活力与价值创造能力。

1.2.4 领导赋能

在数字化、智能化的时代,组织将面临复杂的决策环境。在创新驱动高质量发展的国家战略背景下,国有企业领导干部要通过变革思维模式使自己具有探索、合作、创新、服务精神等更高层次的内在动机,实施基于使命驱动的领导行为。

量子思维就是运用量子科学哲学观来观察、解释和分析组织的思维范式。量子思维以使命感为驱动力,通过对组织存在意义的深度思考,确定企业的使命,并由此驱动组织构建愿景,使全体员工同频共振于价值创造与高质量发展的目标。基于量子新科学视角的企业是不确定的、主体参与的、整体涌现的量子场。国有企业领导要树立量子思维意识,将价值创造视为企业存在的目的,将能量作为企业的核心资源之一,塑造超越利润之上的核心价值理念,并通过制度变革、组织变革、商业模式变革等管理创新实施组织重构。在领导行为中,要从以"控制"为主向以"激活"为核心的领导模式转变,赋能员工,激发员工的创造力,增强员工的满意度。通过领导与员工的通力合作,使国有企业具有更强的应对不确定性与共创商业生态系统价值的能力。

在思维变革的基础上,国有企业领导干部要致力于提升党性领导力、愿景领导力、结构领导力、路径领导力、均衡领导力以及持续领导力等六维战略领导力,从根本上提升领导效能,从而在实现国有企业目标的同时,让员工具有高度的成就感与士气感,其个人价值得以充分实现。

1.2.5 数字化使能

随着移动互联网、物联网、3D打印、云计算、智能技术以及社会与经济的发展,人类社会正在进入一个数字化的新时代。数字经济成为全球经济的增长引擎,数字将成为企业的关键资源。新技术的应用以及用户需求产生了大量数据,以数字作为关键资源,加快数字化开发、网络化协同、智能化应用,是企业未来的必然趋势。推进数字化建设是国有企业构建创新驱动的高质量发展格局,形成产业链协同与集聚效应,打造产业竞争优势的必经之路。

国有企业要将数据转化为生产力,不仅需要先进的分析技术和可视化工具等技术创新,更需要实施文化、组织结构、战略以及运营模式等的系统变革。领导干部要树立数字化运营的理念,强化数字化建设的制度设计与组织结构设计，并具备以数字化手段整合公司内外部资源进行决策的能力。

数字化建设是一项复杂的系统工程。需要文化、战略、基础设施、智能平台、保障机制、价值链生态、人才培育以及数据工作框架等多方面的通力合作。为此，国有企业领导干部要具备培育数字化文化的能力、制定数字化战略的能力、开发利用数据的能力、基于数据决策的能力、运用云平台进行管理的能力以及指导员工数字化运营的能力等多维能力。

第 2 章

国有企业领导干部治企实现路径之一：使命驱动

慎终如始，则无败事。使命是企业自演化的吸引子，是企业行为的逻辑起点。使命是新时代国有企业领导干部的根本驱动力量，是引领国有企业高质量发展的动力之源。

在国有企业创新驱动与高质量发展的关键时期，国有企业领导干部须明确其使命与责任，以使命为驱动，同频共振于中国共产党的领导之下，践行社会主义核心价值观。习近平总书记指出，国有企业领导干部肩负着实干兴邦、实干兴企的崇高使命和历史重任，要始终坚持实字当头、干字为先，做新时代敢干事、善干事、干成事的实干家。本章将在对国有企业战略定位的基础上，探讨国有企业的责任与使命，阐述国有企业领导干部的"二十字"要求与企业家精神。最后，以中国航天科工集团为案例，阐述企业领导干部弘扬企业家精神，带领企业全体员工践行企业使命、铸就航天科技走向辉煌的历程。

2.1 国有企业类别与战略定位

2.1.1 国有企业类别

国有企业是推进国家现代化、保障人民利益的重要力量，是党和国家事业发展的重要物质基础和政治基础。国有企业功能界定与分类是新形势下深化国有企业改革的重要内容，是因企施策、推进改革的基本前提。为了强化国有企业的功能与使命，促进国有企业改革，中共中央、国务院于2015年9月颁布的《关于深化国有企业改革的指导意见》（中发〔2015〕22号）提出："到2020年，在国有企业重要领域和关键环节取得决定性成果，形成更加符合我国基本经济制度和社会主义市场经济发展要求的国有资产管理体制、现代企业制度、市场化经营机制。国有资本布局结构更趋合理，造就一大批德才兼备、善于经营、充满活力的优秀企业家，培育一大批具有创新能力和国际竞争力的国有骨干企业。国有经济活力、控制力、影响力、抗风险能力明显增强。"文件同时指出，到2020年"国有企业公司制改革基本完成，混合所有制经济取得积极进展，法人治理结构更加健全，优胜劣汰、经营自主灵活、内部管理人员能上能下、员工能进能出、收入能增能减的市场化机制更加完善"。

为了实现国有企业改革的宏伟目标，中共中央、国务院改革文件（中发〔2015〕22号）根据国有资本的战略定位和发展目标，国有企业在经济社会发展中的作用、现状和发展需要，将国有企业分为商业和公益两大类。通过界定功能、划分类别，实行分类改革、分类发展、分类监管、分类定责、分类考核，提高改革的针对性、监管的有效性、考核评价的科学性，旨在推动国有企业同市场经济深度融合，促进国有企业经济效益和社会效益的有机统一。文件指出："商业类国有企业按照市场化要求实行商业化运作，以增强国有经济活力、放大国有资本功能、实现国有资产保值增值为主要目标，依法独立自主开展生产经营活动，实现优胜劣汰、有序进退。主业处于充分竞争行业和领域的商业类国有企业，原则上都要实行公司制股份制改革，积极引入其他国有资本或各类非国有资本实现股权多元化，国有资本可以绝对控股、相对控股，也可以参股，并着力推进整体上市。"国务院《关于改革和完善国有资产管理体制的若干意见》（国发〔2015〕63号）规定，要通过'一企一策'制定公司章程、规范董事会运作、严格选派和管理股东代表和董事监事，将国有出资人意志有效体现在公司治理结构中。针对企业不同功能定位，在战略规划制定、资本运作模式、人员选用机制、经营业绩考核等方面，实施更加精准有效的分类监管"。

中发〔2015〕22号文件规定："对主业处于关系国家安全、国民经济命脉的重要行业和关键领域、主要承担重大专项任务的商业类国有企业，要保持国有资本控股地位，支持非国有资本参股。对自然垄断行业，实行以政企分开、政资分开、特许经营、政府监管为主要内容的改革，根据不同行业特点实行网运分开、放开竞争性业务，促进公共资源配置市场化；对需要实行国有全资的企业，也要积极引入其他国有资本实行股权多元化；对特殊业务和竞争性业务实行业务板块有效分离，独立运作、独立核算。"业绩考核方面，除了经营业绩指标和国有资产保值增值之外，还需要强化"对服务国家战略、保障国家安全和国民经济运行、发展前瞻性战略性产业以及完成特殊任务的考核"。

"公益类国有企业以保障民生、服务社会、提供公共产品和服务为主要目标，引入市场机制，提高公共服务效率和能力。这类企业可以采取国有独资形式，具备条件的也可以推行投资主体多元化，还可以通过购买服务、特许经营、委托代理等方式，鼓励非国有企业参与经营。对公益类国有企业，重点考核成本控制、产品服务质量、营运效率和保障能力，根据企业不同特点有区别地考核经营业绩指标和国有资产保值增值情况，考核中要引入社会评价。"

2.1.2 国有企业战略定位

纵观我国社会主义发展历程，国有企业为推动我国经济社会发展、科技进步、国防建设和民生改善做出了重要的历史性贡献，是国家战略实施的保障。改革开放以来，国有企业改革作为经济体制改革的中心环节，始终发挥着引领作用。党的十八大以来，国有企业在新时代的新征程中改革创新、开拓进取、攻坚克难,取得了明显的做强做优做大的成效。中央企业实力明显增强,进入世界 500 强的 82 家国有企业中,有 48 家为中央企业;社会贡献明显加大,近年来中央企业上缴税费和创造的增加值占全国财政收入比值较大,承担完成的一大批国家重大专项成果已成为国家名片,充分彰显了国家力量,体现了大国重器的责任担当。

习近平总书记提出"使国有企业成为党和国家最可信赖的依靠力量,成为坚决贯彻执行党中央决策部署的重要力量,成为贯彻新发展理念、全面深化改革的重要力量,成为实施'走出去'战略、'一带一路'建设等重大战略的重要力量,成为壮大综合国力、促进经济社会发展、保障和改善民生的重要力量。"2017 年 12 月,习近平总书记强调指出,国有企业是中国特色社会主义的重要物质基础和政治基础,是中国特色社会主义经济的"顶梁柱"。习近平总书记的指示指明了新时代国有企业的战略定位:

(1)要坚持把政治建设摆在首位,成为党和国家最可信赖的依靠力量;

(2)要始终在国家建设、国防安全、人民生活改善中勇挑重担,成为坚决贯彻执行党中央决策部署的重要力量;

(3)要坚持以供给侧结构性改革为主线,不断推进体制机制创新,成为贯彻新发展理念、全面深化改革的重要力量;

(4)要深入开展国际化经营,加快形成国际经济合作和竞争新优势，不断拓展国际发展新空间，成为实施"走出去"战略、"一带一路"建设等重大战略的重要力量；

（5）要坚持以人民为中心的发展思想，切实履行社会责任，成为壮大综合国力、促进经济社会发展、保障和改善民生的重要力量；

（6）要建设好基本队伍，成为我们党赢得具有许多新的历史特点的伟大斗争胜利的重要力量。

为了强化国有企业的战略定位，国有企业要聚焦于以下三个方面的工作：

（1）深化改革，加快实现国有企业高质量发展。要全面提升企业发展优势，加快产业结构优化升级，促进全产业链整体跃升。坚持绿色低碳循环发展，不仅关注企业短期经济绩效，更要重视企业利益相关者的诉求与利益，实现长期可持续发展。

（2）强化创新发展，增强企业活力。通过自主创新，主动承担国家重大科研任务，力争在重要科技领域实现跨越发展；加快构建协同创新体系，最大限度发挥创新要素合力；不断完善创新体制机制，激发创新人才活力和动力。

（3）完善现代企业制度建设与内部控制建设，增强企业经营的有效性。要进一步完善国有企业的混合所有制改革，优化决策机制、监督机制与约束机制，着力抓好重点环节的风险预防与控制，树立正确的治理理念，强化责任追究机制。

2.2 国有企业的责任与使命

2.2.1 国有企业的责任

当前,我国处于国内外双循环、国内循环为主的创新驱动高质量发展的关键时期,作为国民经济的支柱与主体的国有企业在稳定增长、促进改革、调整结构、惠泽民生、防范风险,以及推进"一带一路"建设和国际合作等的过程中扮演着重要角色。国有企业作为中国特色社会主义的重要物质基础和政治基础,是党执政兴国的重要支柱和力量。国企干部要切实履行政治责任、经济责任和社会责任,成为全面深化国有企业改革、提升国有企业高质量发展的主力军。

1. 政治责任

政治责任是国有企业干部的第一责任。政治属性决定国有企业需要坚守政治灵魂、严肃政治生活、提高政治标准、突出政治功能。国有企业领导干部有责任维护国有企业的政治方向,明确党组织在国企中的领导核心与政治核心作用,引领国有企业改革攻坚,推动党建工作与经济工作相互促进、协调发展。

国有企业领导干部要高举中国特色社会主义伟大旗帜,以马克思列宁主义、毛泽东思想、邓小平理论、"三个代表"重要思想、科学发展观、习近平新时代中国特色社会主义思想为指导,坚持党的基本理论、基本路线、基本方略，增强"四个意识"、坚定"四个自信"、做到"两个维护"，坚持和全面加强党的领导，坚持党要管党、全面从严治党，突出政治功能，提升组织力，强化使命意识和责任担当，推动国有企业深化改革，完善中国特色现代企业制度，增强国有经济竞争力、创新力、控制力、影响力、抗风险能力，为做强做优做大国有资本提供坚强的政治和组织保证。

为了确保国有企业领导干部有效履行其政治责任，必须坚持党的领导、加强党的建设。党对国有企业的领导是政治领导、思想领导、组织领导的有机统一。国有企业领导干部要认真履行把方向、管大局、保落实的职责，充分发挥企业党组织的领导核心和政治核心作用，保证党和国家方针政策、重大部署的贯彻执行。在董事会选聘经理层成员试点工作中，上级党组织要在确定标准、规范程序、参与考察、推荐人选等方面发挥作用。坚持"三严三实"，坚持民主集中制，严肃党内政治生活，严明党的纪律，强化党内监督，发展积极健康的党内政治文化，全面净化党内政治生态，全面推进党的政治建设、思想建设、组织建设、作风建设、纪律建设和制度建设。要将制度建设贯穿始终，深入推进反腐败斗争。同时，国有企业领导干部还要正确处理党组织和其他治理主体的关系。明确权责边界，做到无缝衔接，形成各司其职、各负其责、协调运转、有效制衡的治理机制。把党的领导融入公司治理各环节，明确和落实党组织在公司法人治理结构中的法定地位，做到组织落实、干部到位、职责明确、监督严格。

强化国有企业的政治功能，还必须抓好"三基"工程，大力加强基层党支部建设，大力推进党建工作全覆盖，大力创新基层党建工作方式，不断夯实企业党的基层组织建设。要把准政治方向，切实履行意识形态工作责任制，加大正面宣传，拓展宣传方式手段，大力强化企业宣传思想工作。要保持政治定力，全面落实党风廉政建设主体责任，坚决整治"四风"问题，深化政治巡视，持续保持反腐败高压态势，持续推进党风廉政建设和反腐败斗争，打造忠诚、干净、担当的国企党员干部队伍，为国有企业改革发展提供政治保障。

上级党组织及其组织部门、纪检监察机关要加强对国有企业领导干部的日常管理、考核评价和监督执纪问责，始终把国有企业领导干部置于严格的管理监督之中，要推进国有企业领导干部交流培养。

2. 经济责任

为了确保党组织服务生产经营不偏离，国有企业领导干部要将提高企业效益、增强企业竞争实力、实现国有资产保值增值作为国有企业党组织工作的出发点和落脚点，以企业经济效益检验党组织的工作和战斗力，为做强做优做大国有资本提供组织保证。

国有企业是壮大国家综合实力、保障人民利益的重要力量，只有不断增强企业自身活力、提升企业影响力与强化抗风险能力,才能实现国有资产保值增值。面对新一轮科技和产业革命的重大机遇以及我国转方式、调结构的改革重大需求,更需要国有企业发挥创新引领作用,提升自主创新能力,打造产业竞争优势,推动经济实现创新驱动的高质量发展。为了实现国有企业的经济责任,国有企业领导干部要着力强化以下三个方面的工作:

(1)深化供给侧结构性改革,加快实现高质量发展。要全面加快国有企业高质量发展的步伐,加快传统产业的转型升级,增强全产业链的价值创造能力;要培育壮大战略性新兴产业,抢占未来发展制高点;要坚持绿色低碳循环发展,全面落实生态文明建设要求。

(2)强化创新发展,提升国有企业核心竞争力。要强化自主创新能力,主动承担国家重大科研任务,在重要科技领域实现跨越发展。国有企业领导干部要在构建协同创新体系中发挥积极的作用,最大限度发挥创新要素的合力;要通过创新体制机制的建设,激发创新人才的活力与创造力。

(3)完善市场化经营机制的建设,增强企业活力。要坚持两个"一以贯之",加快建设中国特色现代国有企业制度,积极完善企业市场化经营机制。国有企业董事会以及高管团队要在加快国有经济布局优化、结构调整、战略性重组、增强企业活力、开展国际化经营以及提升全球资源配置能力等方面发挥积极作用。

为了提升上述三个方面工作的胜任能力,国有企业领导干部须具备驾驭复杂局面的综合领导力。在党的领导下,以深化国企改革、做强做优做大国有资本、培育具有全球竞争力的企业为己任,通过持续学习与改革创新,提升专业能力,并通过战略决策的制定与执行,实现创新驱动的高质量发展。

为了负起国有企业的经济责任,国有企业要组建高效的决策团队,并培养其科学决策能力。要严格按照党委会与董事会、监事会、经理层等不同治理主体的责任要求参与治理。国有企业领导干部还需要发挥员工的积极性,提升员工参与治理与管理的能力,健全以职工代表大会为基本形式的管理制度,推进厂务公开、业务公开,落实职工群众知情权、参与权、表达权、监督权,充分调动职工群众的积极性、主动性、创造性,并在重大决策上善于听取职工意见。

3. 社会责任

国有企业不仅是国民经济的基础,也是中国企业社会责任建设的引领者。为了强化国有企业的社会责任建设,我国先后颁布了有关国有企业社会责任的相关文件。2013 年,党的十八届三中全会提出:"要以规范经营决策、资产保值增值、公平参与竞争、提高企业效率、增强企业活力、承担社会责任为重点,进一步深化国有企业改革。"2014 年,党的十八届四中全会强调要"加强企业社会责任立法"等工作。2016 年 7 月,国务院国资委印发的《关于国有企业更好履行社会责任的指导意见》(以下简称《意见》)中明确指出,国有企业积极履行社会责任,以遵循法律和道德的透明行为,在生产经营的全过程对利益相关方、社会和环境负责,最大限度地创造经济、社会和环境的综合价值,促进可持续发展,是深入贯彻落实党的十八大和十八届三中、四中、五中全会精神,深化国有企业改革的重要举措,也是适应经济社会可持续发展要求,提升企业核心竞争力的必然选择。

《意见》明确了国有企业社会责任制度建设的总体目标:"到2020年,国有企业形成更加成熟定型的社会责任管理体系,经济、社会、环境综合价值创造能力显著增强,社会沟通能力和运营透明度显著提升,品牌形象和社会认可度显著提高,形成一批引领行业履行社会责任、具有国际影响力、受人尊敬的优秀企业。"为了切实履行国有企业的社会责任,《意见》明确要"坚持以可持续发展为核心,坚持社会责任与企业改革发展相结合,坚持社会责任与企业运营相融合"的三项基本原则。

为了实现国有企业社会责任的总目标,《意见》从以下五个方面提出了国有企业履行社会责任的重点工作:

(1) 深化社会责任理念。要增强社会责任意识,塑造社会责任理念;

(2) 明确社会责任议题;

(3) 将社会责任融入企业运营,融入企业战略和重大决策,融入日常经营管理,融入供应链管理,融入国际化经营,探索建立社会责任指标体系;

(4) 加强社会责任沟通。要建立健全社会责任报告制度,加强社会责任日常信息披露,推动利益相关方参与;

(5) 加强社会责任工作保障。要加强社会责任工作领导，完善社会责任工作制度，提高社会责任工作能力。

国有企业领导干部是国有企业推进社会责任制度建设的主体，为了强化国有企业的社会责任担当，国有企业领导干部应发挥三个方面的引领作用：

(1) 完善社会责任文化与行为规范建设。企业文化是企业责任的灵魂，国有企业领导干部要强化社会责任文化建设，使社会责任成为全体员工的价值取向。在培育社会责任文化的基础上，还要完善国有企业社会责任的行为规范，确保企业形成正确的履行社会责任的行为方式。

(2) 完善履行社会责任的制度建设，为国有企业履行社会责任提供制度保障。要制定系统的社会责任制度如业绩考核、劳动保护、职业安全与健康、环境保护、社会公益、质量管理体系等。

(3) 国有企业干部要明确国有企业履行社会责任的范围，并明确践行社会责任的方法。

2.2.2 国有企业的使命

1. 国有企业使命的界定

使命就是"通过创造共同精神明确理念，诉诸共同愿景，并感召他人"（Duffy 和 Dik，2011，2012）。管理大师德鲁克高度重视企业使命，并明确指出"良好的企业使命有助于战略的制定、实施与评估"（Drucker，1974）。使命是企业演进的吸引子，是企业行为的逻辑起点。针对很多企业长期过度关注短期行为、破坏商业生态等问题，西方企业界开创了一场回归基点的革命。188位顶尖商业领袖于2019年8月19日签署了具有全球商业史里程碑意义的《企业目的宣言》，提出了"为客户创造价值、投资于员工并捍卫其尊严、与供应商公平合理地进行交易、支持社区以及为股东创造长期价值"的企业目的观。全球成功的企业无一例外都是在使命驱动下走向成功的。微软从盖茨时代的"人人都有一台电脑"迭代为纳德拉时代的"予力全球每一人、每一组织，成就不凡"。使命驱动使微软成为全球最具竞争力的企业。华为以"聚焦客户关注的挑战和压力，提供有竞争力的通信解决方案和服务，持续为客户创造最大价值"为使命，驱动20万员工同频共振于用户价值创造，成为全球最具创新力的企业。亚马逊以"建立全球最以客户为中心的公司"为使命，将顾客作为最可靠的资源与驱动企业成长的动力源泉，通过组织变革与战略变革，成为全球"最大的书店"与"最大的综合网络零售商"。

我国国有企业的特殊地位，决定了其非凡的历史使命。《中国共产党国有企业基层组织工作条例（试行）》第二条明确指出："国有企业党组织必须高举中国特色社会主义伟大旗帜，以马克思列宁主义、毛泽东思想、邓小平理论、'三个代表'重要思想、科学发展观、习近平新时代中国特色社会主义思想为指导，坚持党的基本理论、基本路线、基本方略，增强'四个意识'、坚定

'四个自信'、做到'两个维护',坚持和加强党的全面领导,坚持党要管党、全面从严治党,突出政治功能,提升组织力,强化使命意识和责任担当,推动国有企业深化改革,完善中国特色现代企业制度,增强国有经济竞争力、创新力、控制力、影响力、抗风险能力,为做强做优做大国有资本提供坚强政治和组织保证。"这一规定赋予了国有企业的责任与使命。

国有企业以中华民族的伟大复兴为己任,服务于中华民族伟大复兴的战略全局,坚持党的全面领导,在全面建设社会主义现代化强国中发挥关键作用,成为现代经济体系的重要市场主体,在以国内大循环为主体、国内国际双循环相互促进的新发展格局中发挥着战略枢纽作用。国有企业领导干部要把握百年未有之大变局的变革方向,抓住新工业革命的战略机遇,在企业内部进行持续的制度创新、管理创新与技术创新,推动国有企业的高质量发展。

2. 践行国有企业使命的关键维度

国有企业领导干部应当在使命驱动下,坚持国有企业质量第一、效益优先,以供给侧结构性改革为主线,率先实施国有企业创新驱动的高质量发展,做强实业、做优主业,充分发挥国有企业在建设现代化经济体系中的排头兵作用;要积极推动企业的创新发展,积极参与全球技术标准、行业规范、贸易规则的制定;要发挥引领作用,确保企业有能力融入全球创新和产业分工体系中,并培育主业突出、技术领先、管理先进、绩效优秀、全球资源配置能力强的世界一流企业。

国有企业领导干部践行使命主要体现为以下四个方面：

（1）在思想建设方面，国有企业领导干部要增强党性修养，坚定理想信念，自觉接受党性教育、宗旨教育、警示教育，严明政治纪律，不断提高思想政治素质。坚持党对国有企业的领导是重大政治原则，必须一以贯之。国有企业领导干部须坚定政治思想，要深入学习宣传贯彻习近平新时代中国特色社会主义思想和党的十九大精神，确保在思想上、政治上、行动上，与以习近平同志为核心的党中央保持高度一致，做新时代中国特色社会主义的坚定信仰者、忠实实践者和自觉推动者。要将党的领导、党的建设融入国有企业的治理与管理中，将国有企业的政治优势、组织优势转化为企业内部的治理优势、管理优势与发展优势。

2019年11月29日中共中央政治局会议审议批准的《中国共产党国有企业基层组织工作条例（试行）》，为了落实其中的"强化使命意识和责任担当，推动国有企业深化改革，为做强做优做大国有资本提供坚强政治和组织保证"的精神，国有企业领导干部要注重在企业内部培育先进的党内政治文化，弘扬忠诚老实、公道正派、实事求是、清正廉洁的价值观。以实现企业高质量发展为核心，加强思想教育，构建目标明确、责权分明、运转协调、渠道畅通的思想政治工作领导体制，引导企业干部职工，将践行社会主义核心价值观与岗位工作结合起来，为实现党的历史使命和中华民族伟大复兴不懈奋斗。

（2）在制度建设方面，国有企业领导干部要严格遵守组织生活制度，落实民主集中制以及科学决策制度。国有企业领导班子建设必须严肃党的纪律，严格组织生活；要提升领导干部民主生活会的严肃性、原则性、规范性，开展批评与自我批评，以坚强的党性保持企业的发展定力；要完善和落实民主集中制度，严格执行"三重一大"。决策制度要做到处理问题相互协商，重大问题集体研究决定，经理层重大事项前置酝酿，以促进领导班子团结并加强相互监督，自上而下防控决策风险。坚持党对国有企业的领导是重大政治原则，建立现代企业制度是国有企业改革的方向。国有企业领导干部在强化政治素养与政治制度建设的基础上，要按照"创新、协调、绿色、开放、共享"五大发展理念，强化国有企业的现代企业制度建设，通过构建科学的决策机制与有效的监督机制，确保国有企业突出精干主业，聚焦提升创新能力。

国有企业领导干部要将党组织嵌入治理结构与治理机制中，明确党组织在公司治理中的法定地位并将其写入公司章程，力争做到职责明确、制度严明。通过公司治理层面的科学决策机制，确保国有企业通过持续创新实现高质量发展；通过监督机制的建设，规避国有企业在创新发展中可能出现的治理风险。除此之外，构建中国特色现代国有企业制度，还要强化企业内部的管理制度建设，完善内部控制制度、人力资源制度等建设。要注重各项制度的协调性，确保各项制度实现无缝对接。

（3）在党风廉政建设方面，国有企业领导干部要加强自身的廉政意识，坚持严于律己、率先垂范，将党风廉政建设纳入整体工作格局中。国有企业领导干部是实现新时代国有企业高质量发展的人力资源保障，强化国有企业领导干部作风建设，强化纪律约束，持之以恒正风肃纪，是国有企业高质量发展的纪律保障。

党风廉政建设是全面从严治党的重要组成部分，是国有企业健康发展的坚强后盾。必须与国有企业的发展相统一，以规避党风廉政建设目标与企业发展脱离的风险，确保党风廉政建设落到实处，并对高质量发展发挥积极的促进作用。国有企业领导干部要将党风廉政建设嵌入治理与管理的链条中，实现党风廉政建设与企业经营活动的深度融合。

为了提升党风廉政建设的质量，国有企业领导干部要致力于党风廉政建设的文化建设以及权力监督机制的完善。在明确党风廉政建设价值观的基础上，要落实国有企业党风廉政建设的责任制，贯彻从严治企与依法治企相结合的精神，强化企业内部风险管控，党组织要与监事会以及其他企业监督机构形成合力，强化监督能力。国有企业领导干部要认真履行全面从严治党的职责，坚持以身作则，模范遵守党的各项纪律，领好班子、带好队伍、管好身边人员；班子成员要认真履行"一岗双责"，做到治党、管人、做事相结合，形成齐抓共管的合力，确保"两个责任"落实到位。

（4）在作风建设方面，国有企业领导干部要树立勇于担当的责任意识，弘扬奋发进取的精神，要将反对形式主义、官僚主义、享乐主义和奢靡之风落到实处。自觉将"不忘初心、牢记使命"的主题教育贯穿始终，结合自身实际工作，强化自我审视意识，做到严以修身、严以用权、严以律己。要在使命驱动下，强化责任约束，避免不担当、不作为、慢作为、乱作为、假作为等现象。

规避"四风"建设重在提升工作效率。国有企业领导干部应以改善企业经济绩效与社会绩效、实现企业高质量发展为己任。在工作过程中强化科学管理，提高领导的有效性，规避无为的组织内卷现象。要明确责任制度建设，明晰领导班子成员的职责分工，要做到责权清晰，责任分明。

领导干部作风建设还要规避因滥用权力而导致的组织效率低下、员工创造力被削弱等现象。为此，要培育领导干部的量子思维意识，以信任为基础，充分下放权力给下级，激活下级以及员工的潜能，使企业成为充满活力的价值创造团队。此外，还要严格执行基层联系点制度，深入基层调研，了解基层单位经营的重点难点以及职工关心的问题，助力基层企业发展。

3. 践行国有企业使命的具体措施

（1）将"不忘初心、牢记使命"作为终身课题常抓不懈。国有企业领导干部要守护初心，坚守使命担当。要以党的创新理论滋养初心、引领使命；从党的非凡历史中找寻初心、激励使命；在严肃党内政治生活中锤炼初心、体悟使命。要将初心和使命变成锐意进取、开拓创新的精气神和埋头苦干、真抓实干的原动力。

（2）用马克思主义中国化统一思想、统一意志、统一行动。"共产党人的初心，不仅来自对人民的朴素感情、对真理的执着追求，更建立在马克思主义的科学理论之上。只有坚持思想建党、理论强党，不忘初心才能更加自觉，担当使命才能更加坚定。"国有企业领导干部要通过深入学习，统一思想认识，实现政治上的团结、行动上的一致。要将"学习贯彻党的创新理论作为思想武装的重中之重，同学习马克思主义基本原理贯通起来，同学习党史、新中国史、改革开放史、社会主义发展史结合起来，同新时代建设伟大工程、推进伟大事业的实践"相结合。通过持续学习与践行，达成思想自觉和行动自觉。

（3）勇于担当作为，践行使命。国有企业领导干部要为国有企业的高质量发展、国家的繁荣以及中华民族的伟大复兴负有担当，必须"知重负重、苦干实干、攻坚克难"。面对困难要敢于迎难而上，面对危机要勇于挺身而出，面对失误要敢于承担责任。要"练就担当作为的硬脊梁、铁肩膀、真本事，敢字为先、干字当头，勇于担当、善于作为，在有效应对重大挑战、抵御重大风险、克服重大阻力、解决重大矛盾中冲锋在前、建功立业"。

（4）直面问题，推进自我革命。习近平总书记曾指出："做到不忘初心，必须有强烈的自我革命精神，要在自我净化、自我完善、自我革新、自我提高上下功夫。""四个自我"揭示了自我革命的正确方法和途径，是新时代全面从严治党、增强国有企业凝聚力和战斗力的重要法宝。国有企业党员干部应树立提升国有企业国际竞争力、实现中华民族伟大复兴的强烈责任,时刻保持崇高的理想,开展批评和自我批评,不断增强自我净化、自我完善、自我革新、自我提高的能力,打造成为强有力的领导团队。

(5) 完善制度建设,形成长效机制。"制度好可以使坏人无法任意横行,制度不好可以使好人无法充分做好事。"党的十九届四中全会明确提出要"不忘初心、牢记使命"。完善制度建设,要坚持"系统思维、辩证思维、底线思维"的思维逻辑,将国有企业制度建设与党内法规制度相融合。坚持制度治党、依规治党,构建系统完备、科学规范、运行有效的制度体系,以制度激励与约束干部员工的行为。国有企业党员干部须"强化制度意识,自觉遵守制度,严格执行制度,坚决维护制度,健全权威高效的制度执行机制,加强对制度执行的监督,推动不忘初心、牢记使命的制度落实落地。"㊀

2.3 国有企业领导干部"二十字"要求与企业家精神

2.3.1 国有企业领导干部"二十字"要求

习近平总书记在国有企业党的建设工作会议上提出国有企业领导干部要敢于担当,做到"对党忠诚、勇于创新、治企有方、

㊀ 参阅:习近平总书记在 2020 年 1 月 8 日 "不忘初心、牢记使命" 主题教育大会上的重要讲话。

兴企有为、清正廉洁",这是国企好干部的标准,也是做强做优做大国有企业、履职尽责、担当有为的总要求。

国有企业领导干部应结合企业使命与习近平总书记提出的"二十字"要求,以打造创新型、引领型、价值型企业为战略取向,勇于担当、履职尽责,发挥表率作用。

国有企业领导干部要对党忠诚,旗帜鲜明讲政治。

(1) 把讲政治始终摆在首要位置,坚持党对国有企业的领导,以讲政治为国有企业领导干部的首要担当,严肃党内政治生活,从政治上全面抓紧抓好从严治党;

(2) 从自身这个"关键少数"做起,加强自律、慎独慎微,经常对照党章检查自己的言行,加强党性修养,陶冶道德情操,永葆共产党人政治本色;

(3) 增强政治定力、纪律定力、道德定力、抵腐定力,始终不放纵、不越轨、不逾矩;

(4) 以身作则、率先垂范;

(5) 严格落实中央八项规定精神,坚持不懈改作风,强化内部监督和日常监督。

国有企业领导干部工作的着力点是勇于创新。党的十八届五中全会提出了五大发展理念,其中"创新"居首位。国有企业作为中国经济的骨干力量,就要敢于担当,勇于创新,通过创新驱动经济发展。国有企业领导干部应成为国有企业创新的驱动力,通过制度创新、技术创新与管理创新,赋能国有企业转型升级。

国有企业领导干部工作的关键是要治企有方。国有企业领导干部要以使命感为驱动力,通过完善企业文化建设、完善治理结构与治理机制、强化领导赋能,领导国有企业通过数字化转型,实现创新驱动发展。要增强政治意识,坚定中国特色现代企业制度,坚定改革发展的正确方向,使国有企业成为党和人民最可信赖的力量。

国有企业领导干部工作的重点是兴企有为。担当的本质是坚持原则、认真负责,面对大是大非敢于亮剑,面对矛盾敢于迎难而上,面对危机敢于挺身而出,面对失误敢于承担责任,面对歪风邪气敢于坚决斗争。国有企业领导干部要按照党中央、国务院的要求,要敢于克难制胜,敢于奋勇争先,带领广大国企人,力破国有企业改革发展中的艰难险阻。

国有企业领导干部工作的根本是树立良好干部形象。

(1) 树立清正廉洁的好形象。国有企业领导干部具有强大的资源配置能力,更须强化自律性,自我约束,对照党章进行言行诊断,发现问题,及时纠正,以永葆共产党人的政治本色。

(2) 树立夙夜在公的好形象。习近平总书记指出:"是否具有担当精神,是否能够忠诚履责、尽心尽责、勇于担责,是检验每一个领导干部身上是否真正体现了共产党人先进性和纯洁性的重要方面。"国企领导要敢于负责,不等不靠,不推不拖,积极参与,大力推进并配合改革政策的实施,落实容错纠错机制,加强学习,不断提升履职尽责所需的专业素养与履职能力。

2.3.2　国有企业领导干部的企业家精神

习近平总书记在 2020 年 7 月 21 日召开的企业家座谈会上特别强调"弘扬企业家精神，推动企业家发挥更大作用，为经济发展积蓄基本力量"。弘扬企业家精神，锻造具有爱国、诚信、创新以及社会责任精神的企业家队伍，是新时代贯彻新发展理念、构建新发展格局、推动高质量发展的关键。弘扬企业家精神，对于增强市场活力、实施创新驱动发展战略、推动经济结构转型升级、促进经济社会持续健康发展均具有重要意义。

"全面深化改革，就要激发市场蕴藏的活力。市场活力来自于人，特别是来自于企业家，来自于企业家精神。"企业家精神不仅是一种稀缺资源，更是一种竞争力，是新时代企业创新的动力之源。在战略决策层面，企业家精神能够为企业的长远发展指引方向；在精神层面，企业家精神能够激励和鼓舞企业员工聚力奋进，产生 $1+1>2$ 的协同效应。

改革开放 40 年来，我国在政治、经济、文化及社会方面均取得了巨大成就。这一方面得益于政府促进经济发展的制度安排使生产要素得以充分释放；另一方面，一大批富有创业、创新精神的企业家的涌现为中国经济的增长做出了重大贡献。"改革开放以来，一大批有胆识、勇创新的企业家茁壮成长，形成了具有鲜明时代特征、民族特色、世界水准的中国企业家队伍。"在国有企业倡导企业家精神，对于增强企业活力与创新力，提升资源配置的效率，减少官僚主义，提升企业的运行效率，具有重要的价值。

1. 企业家精神的内涵

"企业家"（entrepreneur）的概念最早由法国经济学家康替龙（Richard Cantillo）在1775年的《商业概览》中提出并应用于经济学领域，他将企业家定义为承担经济风险的人。熊彼特（Schumpeter，1912）将企业家视为"刺激和发动其他一切事情的中枢，他们四处寻找艰难和挑战，为了改变而寻求改变，他们敢于冒险，乐此不疲。"哈耶克和卡尔兹纳（Hayek 和 Karzner，1973）将企业家视为创新活动的人格化主体，并强调企业的利润来源于企业的创新活动。

理论界从不同维度对企业家精神进行了研究。部分学者从企业家个性特征视角诠释企业家精神，如康替龙（1755）将企业家精神定义为风险承担，奈特（Knight，1921）则将企业家精神定义为冒险精神，舒尔茨（Schultz，1975，1980）将企业家精神视为处理非均衡的能力。李志（2013）针对企业家精神的文献分析发现，创新、冒险、进取、奉献、敬业等均被视为企业家精神的个体特征，其中创新精神以71%的概率出现在各大研究文献中。因此可见，创新精神被视为企业家精神的主要内涵。还有部分学者从行为特征维度对企业家精神进行了探索研究，如熊彼特（1975）指出："企业家精神是一种善于发现创新和整合的能力，以及将其付诸企业实践行动的集合，即开发新产品、开辟新的市场、寻求新的供给来源、实现新的组织形式等一系列活动。"马歇尔（Marshall，2005）将企业家精神视为消除市场不均衡性的特殊力量。德鲁克（Drucker，2009）将企业家精神归纳为善于发现并且把握市场机会，用以实现自身目标以及满足社会的需要，并认为企业家精神贯穿于从创业到发展壮大的整个历程中。宋志平（2017）特别谈到了国有企业的企业家精神，他指出："国有企业中具有改革创新意识的领导人也是企业家，他们是创新的驱动者，国家财富与价值的创造者。"他将国有企业家精神归纳为：创新精神、坚守精神以及兼具天下的精神。

另有部分学者则从价值观视角探索了企业家精神的本质，如萨伊（Say，1963）指出："企业家精神是通过对经济资源的更合理调配以实现价值的创造，将经济资源从生产率较低、产量较小的领域转移到生产率较高、产量较大的领域。"鲍莫尔（Baumol，1990）提出了"产出性、非产出性和破坏性企业家精神"的概念，并指出企业家精神在产出性和非产出性甚至破坏性活动之间的配置受收益结构的影响，寻租等方式属于非产出性创新行为。本土学者贾良定、周三多（2006）认为企业家精神由知识素养、创新能力和指向未来三个要素构成。价值维度的企业家精神研究，更有助于引导国有企业倡导积极的企业家精神，关注基于价值创造的创新与冒险精神的发挥、市场机会的把握与资源的有效配置。价值创造是国有企业存在的根本目的与意义。

2. 企业家精神的内容

习近平总书记将企业家视为经济活动的重要主体，并强调："全面深化改革，就要激发市场蕴藏的活力。市场活力来自于人，特别是来自于企业家，来自于企业家精神。"（习近平，2014）"要深度挖掘优秀企业家精神特质，弘扬企业家精神，发挥企业家示范作用，造就优秀企业家队伍。"（习近平，2017）深入了解企业家精神的内容体系，是培育与弘扬企业家精神的前提。

（1）创新精神。创新是企业家的本质特征，创新精神是企业家精神的基因，弘扬与激发企业家精神的核心是创新精神。企业家只有发扬不畏风险、勇于开拓的创新精神，才能通过持续创新推动企业实现高质量发展。国有企业家发扬创新精神，实现国有企业的创新驱动发展，就要具备及时洞察环境，关注那些与公司特有的资产和能力呈互补作用的外部资源，并聚焦于公司可用资源和能力之间的组合，勇于创造新的产品，引领市场需求的能力；具备进行产品的市场开发，如由国内市场走向国际市场，由城市走向乡村的能力；具备探索一种新的生产要素组合，以增强产品的性能或提升产品品质的能力。进行制度创新或管理模式创新是特别需要倡导的企业家创新精神，例如任正非创立的员工动态持股激励制度以及张瑞敏实施的人单合一管理模式创新，大大地激活了企业的价值创造潜能。

（2）担当精神。新时代国有企业家要坚守中国特色社会主义道路，致力于人类命运共同体的构建以及提升国家竞争力。国有企业家要一以贯之地坚持党对国有企业的领导,一以贯之地在国有企业中建立现代企业制度,并将两个一以贯之有机融合。要在国有企业中坚持党的领导,强化党组织参与治理的意识,将党组织嵌入国有企业治理结构中,探索中国特色的现代企业制度。使国有企业成为党和国家最可以信赖的依靠力量,成为贯彻执行党中央战略部署的重要力量。在当前我国经济进入"国际国内双循环,国内循环为主"的新常态时期,国有企业家肩负着历史重任,国有企业领导干部唯有树立担当精神,方能带领企业员工攻坚克难,实现国有企业的高质量发展。

(3) 责任精神。国有企业的独特性质决定了其与其他类型企业的根本不同。国有企业既要履行其必要的经济责任,确保国有资产的保值增值,还必须履行其承担的社会责任,完成政府赋予的重大政治任务及战略目标。国有企业领导干部应将履行责任作为自觉的追求,将经济责任、社会责任与促进企业发展以及民族振兴有机结合,将追求经济效益、政治公平与社会责任作为企业的目标。国有企业领导干部要将实现高质量发展、培育世界一流企业视为奋斗的目标,要关注客户价值以及长期的股东价值创造,要将员工视为价值创造的驱动者,将其作为最重要的资源要素,投资于员工,对员工履行教育、安全生产以及职业发展等基本责任,为员工提供更佳的职业生涯发展机会,并通过管理创新,增强员工价值创造能力。国有企业领导干部还要树立兼济天下的意识,关注良好商业生态系统的构建,在构建和谐劳动关系、促进就业、关爱员工、依法纳税、节约资源、保护生态等方面发挥重要作用,为全社会提供更好的营商环境并回馈社会。

(4) 开放精神。开放精神是我国社会主义建设在改革开放时代中铸就并发扬光大的伟大精神,是中华民族精神的重要内涵,是中华民族最鲜明的精神标识。我国40年改革开放取得了令人瞩目的巨大成就,凝聚了建设中国特色社会主义道路的广泛共识与强大合力。因此,弘扬开放精神,不仅具有深远的历史渊源与文化根基,也是新时代振兴中华民族的强大精神动力。

当前我国"改革开放已走过千山万水,但仍需跋山涉水"。国有企业领导干部要持续强化开放意识,打开企业边界,建立全产业链,投身"一带一路"建设、京津冀协同发展、长江经济带发展等国家重大战略,积极参与引进来和走出去战略,积极参与军民融合发展,积极参与中西部和东北地区投资兴企,为国有企业的高质量发展拓展新的空间。

(5) 工匠精神。工匠精神是敬业、专注、精益求精、追求卓越的精神。工匠精神具有深远的文化根基与悠久的历史传承。我国汉代已经形成了精工细作、精益求精的工匠精神(白云翔,2017),并由"注重简约朴素、切磋琢磨"为特征的孕育阶段,历经"崇尚以德为先、德艺兼修为特征的产生阶段",发展为"主张心传体知、师徒相承"的阶段,提升为"提倡开放包容、勇于创新"的新阶段(张迪,2016)。工匠精神赋予我国瓷器、丝绸、高铁、大飞机等产品很强的全球竞争力。《诗经》中的

"如切如磋，如琢如磨"以及"道也，进乎技矣"等都是中华民族工匠精神的鲜明呈现。国有企业领导干部弘扬工匠精神，既是中华民族精神的发扬光大，也是企业追求卓越，实现高质量发展的需要。

国有企业领导干部要发扬工匠精神，首先要树立敬业意识，以高度的热情，全身心投入到企业发展中。其次，要坚守精益求精的精神，并传递给每个员工，实现每道工序、每项工作、每个产品的高品质。再次，要有专注精神，企业家要将做好企业作为终生的事业，持之以恒地坚守高品质。

2.4 案例：使命铸就中国航天科工成为国防科技主力军

1. 中国航天科工集团有限公司的发展历程

中国航天科工集团有限公司（以下简称为中国航天科工）是我国航天事业和国防科技工业的中坚力量，航天强国建设和国防武器装备建设的主力军，中国工业信息化发展的领军企业。中国航天科工是中央直接管理的国有特大型高科技企业，前身为1956年10月成立的国防部第五研究院，先后经历了第七机械工业部（1964）、航天工业部（1982）、航空航天工业部（1988）、中国航天工业总公司（1993）、中国航天机电集团公司时期（1999）、中国航天科工集团公司（2001）、中国航天科工集团有限公司（2017）的历史沿革。2017年11月，经国务院国资委批复同意，中国航天科工集团公司完成了公司制改制，更名为中国航天科工集团有限公司。

中国航天科工总部位于北京，自诞生以来，就始终坚持自主创新发展战略。航天科工集团历届党组都以较大的决心和勇气持之以恒、坚持不懈地推动自主创新工作，走出了一条具有航天特色的创新发展道路。现辖属中国航天系统工程有限公司、中国航天科工二院、中国航天科工三院、中国航天三江集团有限公司、中国航天科工六院、中国航天建设集团有限公司、航天江南集团有限公司、湖南航天有限责任公司、航天信息股份有限公司、中国华腾工业有限公司、深圳华腾工业技术研究院有限公司、中国行业汽车有限责任公司、航天通信控股集团股份有限公司、航天晨光股份有限公司、航天云网科技发展有限责任公司、航天工业发展股份有限公司、宏华集团有限公司、河南航天工业有限责任公司、航天精工股份有限公司、航天科工财务有限责任公司、航天科工资产管理有限公司等21家二级企业，100%控股9家上市公司、6个分支机构，分布于中国内地30个省市自治区及亚洲、非洲、欧洲、拉丁美洲等有关国家和地区；在职职工近15万人；拥有包括8名中国工程院院士、10名国际宇航科学院院士、200余名国家级科技英才在内的一大批知名专家和学者。

经过多年励精图治，中国航天科工现拥有一批国家重点实验室、国家工程技术研究中心、国防科技重点实验室、国防科技工业创新中心，是国家首批双创示范基地；已建立起完整的空天防御导弹武器系统、飞航导弹武器系统、弹道导弹武器系统研制生产体系。武器装备整体处于国内领先水平，部分专业技术和产品达到国际先进水平；作为牵头单位荣获国家科学技术进步奖特等奖5项，中国专利金奖2项。经过60多年的开拓创新、锐意进取、拼搏奉献，中国航天科工现已发展成为一家战略性、高科技、创新型中央骨干企业，连续11年在国资委公布的中央企业负责人经营业绩考核中位列A级，连续3个任期荣获"业绩优秀企业奖""科技创新企业奖"，2020年位列世界500强企业第332位，位居全球防务百强企业前列。

2. 中国航天科工的使命

党的十九大明确将"建设航天强国"纳入国家战略。为了落实十九大精神，中国航天科工牢记"科技强军、航天报国"的企业使命，以"建设世界一流航天防务集团公司"战略目标为指引，始终坚持"国家利益高于一切"的企业核心价值观，以立足"服务国家战略、服务国防建设、服务国计民生"为企业定位，以"您的安全——我们的责任"为社会责任价值观，以"技术创新、商业模式创新、管理创新"为抓手，以"信息化、社会化、市场化、国际化"为导向，聚焦航天防务主业，充分发挥航天、防务、安全三方面的支撑作用，持续提升"防务装备、航天产业、信息技术、装备制造、现代服务业"五大产业板块产业基础能力与产业链现代化水平。

中国航天科工的领导干部发扬创新和勇于担当的企业家精

神,带领企业通过持续创新推动企业实现高质量发展,建立了完整的防空导弹武器系统、飞航导弹武器系统以及固体运载火箭等技术开发与研制生产体系,部分专业技术达到国际先进水平,为部队提供了性能先进的导弹武器装备。在领导干部的带领下,中国航天科工积极适应世界新军事革命发展趋势和国家安全需求,着眼"陆军、海军、空军、火箭军、战略支援部队"复杂战场环境下的作战需求,加速战略性、前沿性、颠覆性技术创新,加速武器装备升级换代和智能化武器装备发展,推动科研生产能力不断增强、新型导弹武器不断涌现、装备科研生产体系更加完整,不仅提升了我国的国防实力,并在载人航天、月球探测工程等国家多个重大项目建设中做出了重要贡献。中国航天科工构建了固体运载火箭及空间技术产品等航天产业自主开发与研制生产体系,自主创新研制的数十项技术产品护航"神舟"飞天、"天宫"对接、"嫦娥"探月、"北斗"组网、"天问"探火、"空间站"建造,有力保障了一系列国家重大航天工程任务的圆满完成。大力实施飞云、快云、行云、虹云、腾云、高速飞行列车等系列商业航天工程项目;推进快舟系列固体火箭型谱化发展,实现商业发射常态化;成功发射虹云工程首星、行云工程双星并完成相关技术验证,为国家天基互联网、物联网星座等天基基础设施建设奠定了坚实基础。

着眼于"大防务、大安全"发展理念,中国航天科工凭借专业领域的技术优势,在着力做强做优做大防务装备基业、加速形成航天产业差异化发展优势的同时，在信息技术、装备制造、智慧产业等领域积极培育战略性新兴产业，形成了系列具有市场竞争力的产品与项目。信息技术应用创新产业助力网络强国建设，以航天系统工程优势服务于国家信息安全和经济安全；智慧产业面向政府、行业和企业应用需求，构建智慧系统平台，打造各类专业应用，助力国民经济结构战略性调整；工业互联网平台——航天云网大力推进新一代信息技术与传统产业全方位深度融合，为全球制造业企业提供智能制造、协同制造、云制造服务。移动方舱医院、生物检测站、应急救援装备大显神通，守护人民群众生命安全；高端能源装备、智能物流装备、管网机器人绽放异彩，切实保障国家能源安全；新材料、增材制造，激光装备实现产业化、规模化发展，有力推动行业发展变革。

集团承担"金穗、金卡、金盾"工程任务，突破基于国产化的新一代信息技术大规模集成应用难关，以航天系统工程优势服务于国民经济建设和国家经济安全、信息安全；开发各类智慧产业（智慧城市、智慧交通、智慧食药监、智慧农业等）公共平台，大力支撑数字中国、智慧社会建设；自主开发的奥运珠峰特种火炬、低空慢速小目标探测与拦截系统、高功率激光器、系列重型装备与特种装备等产品打破国外垄断、实现进口替代；倾力打造具有自主知识产权的工业互联网云平台及其应用生态，为我国制造业企业提供智能制造、协同制造、云制造公共服务。作为国家首批"双创"示范基地之一，中国航天科工大力支持内部员工"在岗创新、在职创业",并广泛集聚社会"双创"企业和项目,努力打造分享型经济发展新生态。中国航天科工领导干部秉持开放精神,带领企业积极践行"一带一路"倡议和合作共赢理念,携手国际合作伙伴,在亚洲、非洲、欧洲的多个国家实施一系列国际化经营项目,为推动建设开放型世界经济、共同构建人类命运共同体不断贡献着具有中国特色的"航天智慧""航天方案"和"航天力量"。

中国航天科工领导干部始终以使命感为驱动力,积极创新,主动求变,大大提升了我国的航天实力与国际影响力。

3. 中国航天科工的党建工作

我国航天事业 60 多年的发展史,就是一部在党的坚强领导下,大力弘扬爱国奋斗精神的历史。

中国航天科工积极将党的领导、党的建设融入国有企业的治理与管理中,培育先进的党内政治文化,将中央企业的政治优势、组织优势转化为企业内部的治理优势、管理优势与发展优势。集团下属公司积极组织各类党建主题实践活动、学习活动等,以增强广大党员和领导干部的党性修养,提高思想政治素质,凝聚广大党员和干部职工共同推动航天梦、强军梦和中国梦实现的精神动力,促进各基层党委团结带领干部职工履行"科技强军、航天报国"使命的责任担当。集团引导企业干部职工,将践行社会主义核心价值观与岗位工作相结合,促使企业干部坚定政治思想。航天建设本部第三党支部、华航环境第一联合党支部作为"连心桥"支部，联合开展了"铭记伟大胜利、履行强军首责"主题党日活动，到中国人民革命军事博物馆，参观纪念中国人民志愿军抗美援朝 70 周年主题展览，激励企业党员和领导干部秉承抗美援朝精神和"航天三大精神"，守护初心，坚守使命担当，增强责任意识，履行强军首责；航天三江南京晨光先进制造所开展"双带双创"党建主题实践活动，弘扬和激发创新精神，通过支部带领党员在使命驱动下为企业创效，并带领职工创新，对生产任务进行详细部署和紧抓落实，坚持"严、慎、细、实"的工作作风，协同奋战，勇于攻克难关，以创新创效实绩，促进党建工作与科研生产和经营管理中心任务的深度融合，彰显了党建的理论与实践价值。

集团公司党组积极开展巡视工作，从三个方面推进巡视整改、深化集团整改工作：一是深入学习贯彻习近平新时代中国特色社会主义思想，深刻学习领会习近平总书记关于巡视工作的重要论述，提高政治站位，做到"两个维护"；二是坚持问题导向、标本兼治，以巡视整改的有力举措推进全面从严治党向纵深发展；三是深入贯彻落实党的十九届五中全会精神和集团公司战略工作会议、第十次党的建设工作会议精神，压实巡视整改责任，按要求反馈整改报告，持续巩固深化巡视成果。中国航天科工集团有限公司党组第二巡视组向航天云网公司党委反馈巡视情况后，航天云网公司结合巡视组的反馈意见，从三个方面采取了措施狠抓整改落实：一是统一思想，提高认识，切实增强巡视整改的思想自觉和行动自觉；二是聚焦问题，明确责任，以强有力的措施全面推进反馈意见整改落实；三是用好巡视成果，强化全面从严治党，推动航天云网公司高质量发展。

2020年爆发的新型冠状病毒肺炎疫情对公司的生产经营带来了不利影响。自全面复工复产以来，中国航天科工积极响应党的号召，在疫情防控常态化的形势下，在领导干部的带领下全力以赴完成年度科研生产经营任务。

4. 中国航天科工的企业家精神

为了实现国有资产的保值增值，完成政府赋予的重大政治任务及战略目标，中国航天科工认真履行企业的经济责任和社会责任。企业领导干部不断强化积极创新、承担责任、勇于担当的企业家精神，通过制度创新以及管理模式创新激活组织潜能，树立担当精神，关注员工价值、客户价值以及股东长期价值的创造，构建和谐劳动关系、促进就业、关爱员工、依法纳税、节约资源、保护生态等。

为了确保企业的高质量发展，中国航天科工积极举办领导干部学习论坛，深入学习贯彻党的十九大精神。通过持续学习，弘扬勇于担当的企业家精神，促使领导干部明确其自身使命与责任，达成思想自觉和行动自觉，树立清正廉洁和夙夜在公的良好形象，积极参与、大力推进并配合国家战略的实施。理论学习增强了领导干部的政治意识、大局意识。航天医科集团党委为深入学习贯彻党的十九届五中全会精神，召开了十三次理论学习中心组学习会，组织各级党组织和广大党员领导干部认真研读习近平总书记的重要讲话和会议公报精神，深刻领会其思想要义、精神实质和科学内涵。

董事长袁洁指出，贯彻落实习近平总书记讲话精神，要做到以下三点：①要打造一支堪当重任的企业家队伍。要始终坚持党管干部原则，打造一支对党忠诚、勇于创新、治企有方、兴企有为、清正廉洁的国有企业领导人员和企业家队伍。②要大力弘扬企业家精神，勇做创新发展的探索者、组织者、引领者，努力把企业打造成为强大的创新主体。③要奋发有为推动高质量发展。集团公司各层级企业家要立足"服务国家战略、服务国防建设、服务国计民生"，科学研判当前挑战和机遇，推动企业高质量发展。

站在新的历史起点上，承载着 60 余年文化积淀的中国航天科工，以弘扬新时代航天精神为己任，牢固树立"四个意识"、坚定"四个自信"，坚持自主创新，坚持党建与科研生产经营深度融合，以使命为驱动，在企业领导干部的带领下坚持走中国特色的军民融合发展之路，凭借专业领域的技术优势，坚持技术创新、商业模式创新和管理创新，贯彻新发展理念，构建新发展格局，持续进行科技创新、提升企业绩效并改善员工收入，在我国航天事业、信息技术产业发展和装备制造产业发展以及智慧国家建设中发挥了重要的作用。

资料来源：中国航天科工集团有限公司（casic.com.cn）

案例思考：

1）中国航天科工取得了哪些重要成就？

2）中国航天科工的使命是什么？该公司领导干部如何践行企业使命？

3）中国航天科工领导干部如何弘扬企业家精神？

第 3 章

国有企业领导干部治企实现路径之二：文化引领

文化是企业的灵魂，是基业长青的基因。二十世纪六七十年代，日本经济迅速腾飞，原因在于日本摒弃了泰罗制的"经济人"假设以及美国现代理性主义的管理方式，在现代管理理论的基础之上，结合日本文化创造了企业文化管理。优秀企业的经验表明：培养员工共同追求的价值观和企业精神，营造团结和谐、务实创新的企业文化环境，是提升员工忠诚度以及激活员工积极性和创造性、实现企业持续成长的关键。文化作为一种非正式制度，与正式制度互为补充，激励与约束着组织成员的行为，文化对经济活动的影响已得到共识（Guiso 等，2006；Guiso 等，2009；Alesina 和 Giuliano，2015；Hartnell 等，2019）。

组织文化从根本上是被领导者所创造、嵌入、发展并最终被领导者所操控的（Schein，1985）。国有企业领导干部作为企业文化建设的主体，肩负有设计核心价值理念、制度文化以及行为文化与物质文化的责任。国有企业的企业文化建设，要正确贯彻落实党的方针政策，要旗帜鲜明地坚持党对企业文化建设工作的领导，引导广大职工群众牢固树立"四个意识"，更加坚定"四个自信"，坚决做到"两个维护",培育和践行社会主义核心价值观。

本章将在诠释国有企业文化价值与内容的基础上,阐述国有企业领导干部文化治企的具体措施。最后,以国家能源集团的龙源电力为案例,诠释企业文化引领龙源电力走向成功的具体做法。

3.1 国有企业文化的价值与内容

《中共中央关于坚持和完善中国特色社会主义制度、推进国家治理体系和治理能力现代化若干重大问题的决定》提出,要坚持完善繁荣和发展社会主义先进文化的制度,巩固全体人民团结奋斗的共同思想基础。发展社会主义先进文化、广泛凝聚人民精神力量,是国家治理体系和治理能力现代化的深厚支撑。要坚定文化自信,把握社会主义先进文化的方向,激发全民族文化创造活力,更好构筑中国精神、中国价值、中国力量。要坚持马克思主义在意识形态领域指导地位的根本制度,坚持以社会主义核心价值观引领文化建设。

改革开放以来,国有企业获得了质量和效益上的明显提升。一批具有综合竞争力的国有企业在改善民生、促进经济发展、维护社会和谐、提高我国综合国力等方面,都发挥着极其重要的作用,为我国的各项事业发展提供了重要保障。在新时代背景下,弘扬优秀企业文化,是加快国有企业的转型升级与增强企业凝聚力和战斗力的保障。

3.1.1 国有企业文化的内涵

文化是组织成员对环境的集体感知或认知（Lewin，1939），共同认知是组织凝聚力的基础。德鲁克（1972）强调企业文化回答了"我们的企业是什么，以及它应该是什么"等问题，他指出："管理是一种社会职能，隐藏在价值、习俗、信念的传统里，以及政府的政治制度中，管理是而且应该是受文化制约的……管理不是无价值观的科学，管理就是文化。"雷恩（Wren，1972）提出了"管理是文化的产儿"的观点。他认为管理思想以及管理理论依不同历史阶段的文化道德准则和制度变化向前发展，管理实践中产生的各种管理模式是"随着文化缓慢变迁而变化"的结果。沙因（Schein，1992）将企业文化定义为，"一种基本假设的模型——由特定群体文化在处理外部适应与内部聚合问题的过程中发明、发现或发展出来的——由于运作效果好而被认可，并传授给组织新成员以作为理解、思考和感受相关问题的正确方式"。

苏勇（2013）认为：企业文化指企业在长期的生产经营实践中，所创造和形成的具有本企业特色的精神观念，并且把这种精神观念具体地体现和落实在企业经营管理的制度、行为、物质和企业形象建设等各个层面中。苏勇的这一观点为企业文化的具体实施提供了明确的路径。国有企业是我国特色社会主义的重要物质基础和政治基础，这一根本性质决定了国有企业文化的特殊含义：是在我国社会主义公有制这一基本经济制度下，国有企业的生产、管理、经营、销售等实践活动中形成的一种"国有企业精神"，它包括国有企业的政治价值观、行为理念、员工的思想品德和人文素质等若干要素。

首先，国有企业文化特指在公有制为主体、多种所有制结构并存的社会主义基本经济制度下所形成的企业文化。文化环境动力范式认为，组织文化是组织成员社会化经验的总和，是组织长期形成的如何感知、感受和行动的规范，并服务于维持组织的某种"秩序"（Schein，2004；陈春花等，2019）。公有制经济制度决定了国有企业文化的根本性质，决定了国有企业文化要代表公有制经济主体的基本价值取向。国有企业文化具有鲜明的政治性，企业文化建设必须统一于社会主义核心价值观的培育。不仅要提高企业经济效益，更要关注企业的政治效益和社会效益，履行国有企业的社会责任。还要引导企业的职工自觉成为具有正确世界观、人生观、价值观的社会主义建设者。党建工作是引领和推进国有企业高质量发展的组织保证和政治保证，国有企业文化建设要与党建工作有机融合，以有效发挥国有企业党委的"把方向、管大局、保落实"的引领作用。

其次，国有企业文化作为一种思想、意识、观念，是在国有企业的生产、管理、经营、销售等实践活动中形成的。国有企业员工既是先进文化的创造主体，也是实现和维护工人阶级利益的根本力量。国有企业文化建设要坚持"以人为本"的原则，尊重员工的价值，一切着眼于员工，尊重和发扬员工的积极性、责任感和创新精神，培养员工自觉献身于企业的责任意识，并为员工实现理想、开展创造性的工作提供保障。把企业的意志变为全体员工的共同意志，实现员工价值观统一于企业价值观。

最后，国有企业文化实质上就是国有企业的"企业精神"。企业精神是企业文化中最抽象的表达，是历代企业领导人经过精心培育而形成的全体成员共同认可的精神风貌。企业精神以价值观念为基础，决定着企业经营哲学、管理制度、行为意识和企业形象。国有企业精神是与国家、民族理想融为一体的"理想"，当代中华民族复兴的"中国梦"，是国有企业"企业精神"的内涵。弘扬国有企业精神，要有为民族、为国家担当的精神，以生产经营活动践行振兴民族、国家的理想。

国有企业文化是企业全体员工在长期的发展过程中培育形成并共同遵守的核心价值理念，由物质文化、行为文化、制度文化和精神文化构成，其关系如图3-1所示。

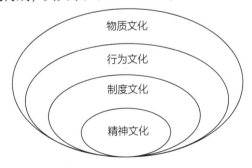

图3-1 企业文化结构图

（1）国有企业文化的物质层，即国有企业物质文化，是由国有企业员工创造的产品和各种物质设施等构成的器物文化，是一种以物质形态为主要诠释对象的表层文化。产品与服务是国有企业生产经营活动的成果，是国有企业物质文化外呈的主要内容。物理空间布局、产品名称与标识、产品包装与设计等，都是国有企业物质文化的显现。

（2）国有企业文化的行为层，即国有企业行为文化，是指国有企业员工生产经营活动过程的行为表现。它包括国有企业经营、教育宣传、人际关系活动、文娱体育活动中产生的文化现象，是国有企业经营作风、精神面貌、人际关系的呈现，是国有企业精神、国有企业价值观的折射。从人员结构上划分，国有企业行为中包括国有企业高层管理者的行为、国有企业模范人物的行为、国有企业员工的行为等。国有企业高层管理者是企业文化的设计者，模范人物是国有企业文化的中坚力量，员工是国有企业文化的主体。良好的企业文化，应通过核心价值观的持续传播，使所有员工内化于心、外显于行。

（3）国有企业文化的制度层，即国有企业制度文化，是塑造精神文化的机制和载体，是文化建设知行合一的保障。企业文化建设的有效性，不仅取决于核心价值观，还依赖于促进核心价值理念落地生根的制度设计。通过制度建设规范企业成员的行为，才能使核心价值理念转化为自觉行动。国有企业制度文化主要包括国有企业领导体制、国有企业组织机构和国有企业管理制度三个方面。国有企业领导体制的产生、发展、变化,是国有企业生产发展的必然结果,也是文化进步的产物;国有企业组织机构,是国有企业文化的载体,包括正式组织机构和非正式组织机构;国有企业管理制度是国有企业运营过程中所制定的、起规范保证作用的各项规定或条例。

(4)国有企业文化的精神层,是一种更深层次的文化现象,处于企业文化系统的核心。精神文化就是国有企业安身立命的根本,是在国有企业生产经营过程中,长期培育而形成的核心价值理念,包括国有企业精神、经营哲学、价值观等内容,是国有企业物质文化、行为文化的升华。国有企业精神是现代意识与国有企业个性相结合的群体意识,是全体员工共同认同的理念,具有独创性、创新性与时代性。国有企业经营哲学是在经营管理过程中提升的世界观和方法论,是国有企业在处理人与人、人与物关系上形成的意识形态和文化现象。国有企业价值观是指国有企业在实现企业发展、追求企业走向成功中所推崇的基本信念和奉行的目标。

3.1.2 国有企业文化的作用

企业文化是一种理性和自觉的文化,是企业的灵魂,是企业的行动指南,决定着国有企业的价值创造能力与可持续发展能力。企业文化具有导向作用、凝聚作用、激励作用、约束作用、自我调节作用以及辐射穿透作用等。认识、把握、实现国有企业文化的作用，是培育优秀国有企业文化的前提。

1. 导向作用

文化对企业员工的价值取向及行为取向发挥着导向作用。第一，经营哲学和价值观念的指导。经营哲学决定了国有企业经营的思维方式和处理问题的法则，用以指导高层管理者的决策以及员工的行为。共同的价值观念规定了国有企业的价值取向，促进员工达成共识。第二，国有企业目标的指引。国有企业目标代表着国有企业发展的方向，企业文化建设应从国有企业实际出发，以科学的态度审视企业的目标。

2. 凝聚作用

国有企业文化具有极强的凝聚力，可以促使员工同频共振于践行国有企业使命的活动过程。国有企业文化的凝聚作用具体体现为三个方面：一是价值凝聚，通过共同的价值观，使组织成员产生共同的理想，并为之而奋斗；二是目标凝聚，明确、具体的国有企业目标，为员工指明了努力的方向，从而形成凝聚力、向心力；三是排外作用，对组织以外文化的排斥，使员工对群体产生依赖，在对外竞争中形成命运共同体。

3. 激励作用

国有企业文化以人为中心，形成人人受重视、人人受尊重的文化氛围，激励员工自觉地为实现企业目标而奋斗。企业文化使员工明晰所在企业的价值，从而产生崇高的使命感，并以高昂的士气,自觉地为实现社会、企业乃至自己的人生价值而勤奋工作。国有企业文化的激励作用具体体现在以下两个方面:一是国有企业价值观的激励。国有企业价值观将所有员工的个体价值观整合为企业的共同价值观,将个人利益与企业整体利益相统一。二是国有企业精神的激励。国有企业精神的激励作用表现为信任激励、使命感激励和意志力激励三个方面。信任激励,即国有企业精神使员工对国有企业产生坚定的信心和执着的追求,从而发挥其聪明才智;使命感激励,即国有企业精神强化员工的使命感,激励员工为此付出努力;意志力激励,即国有企业精神能使员工形成攻坚克难的坚强意志。

4. 约束作用

企业文化通过基本价值观和行为规范对员工的思想和行为形成约束。管理规范、服务规范和各种规章制度对员工行为的约束属于企业正式制度的范畴;而价值观、道德观、行为准则对员工行为的约束,较正式制度约束有更强的控制力和持久力。国有企业文化的约束作用具体体现在两个方面:一是实现员工心理约束和工作约束相融合,建设具有统一价值观、遵纪守法的员工团队,既发挥员工的主体作用,又使每一个员工知晓自己的工作任务、目标、职责,有效驾驭自己的行为。二是使自我约束与强制约束相融合。国有企业文化中的群体意识、社会舆论、共同的习俗和风尚等精神文化内容,会产生使个体行为转化为群体行为的强大心理压力和动力,使国有企业成员产生心理共鸣,达成行为自制。自我管理意识、工作纪律、规章制度等的融合，有助于员工目标与组织目的实现。

5. 自我调节作用

国有企业文化作为共同价值观持续渗透和内化，形成自我调节机制。以尊重个人思想、感情为基础的文化调节有助于将企业目标自动地转化为员工的自觉行动，达成个人目标与企业目标的一致。国有企业文化的自我调节作用具体体现为两个方面：一是自我调节企业各部门以及员工之间的关系，通力协作，实现企业目标；二是自我调节企业与国家、供应商、竞争对手、债权人、顾客以及社区等的矛盾，调和利益相关方关系。

6. 辐射穿透作用

国有企业文化的辐射穿透功能是指国有企业通过各种渠道，在输出产品、服务、公关和广告的同时传播企业文化，在公众心中树立良好的国有企业形象。企业文化犹如"辐射源"，不仅将信息与能量传播给企业内部成员，并且辐射到企业外部，乃至整个社会。国有企业形象是国有企业长期竞争优势的重要标志，是激发国有企业员工自豪感、责任感与荣誉感的动力源泉。国有企业文化的辐射穿透作用具体体现在以下三方面：一是国有企业文化影响着社会文化。国有企业文化与社会文化紧密相连，它源于社会文化又区别于社会文化；在受社会大文化影响的同时，也潜移默化地影响着社会文化。二是国有企业文化通过国有企业精神、价值观、伦理道德向社会扩散，与社会达成共识，并为其他企业或组织所借鉴。三是国有企业文化通过员工的思想行为所体现的国有企业精神和价值观向社会的传播和扩散。

3.1.3 国有企业文化的内容

企业文化属于管理范畴，国有企业文化是融党建引领、责任文化、创新文化、价值创造文化以及廉洁文化为一体的综合体现。

1. 党建引领

党对国有企业的领导是政治、思想与组织的有机统一。在国有企业文化建设中，党组织要充分发挥把方向、管大局、保落实的核心作用。国有企业文化必须突出党建引领，吸收党建工作的思想精神内涵，实现党建工作同企业文化的融合。要抓好各级干部和党员的思想作风建设，使党的路线、方针、政策以及理论创新成果能在企业落地生根。企业党组织要在确保国家大政方针得到切实贯彻执行的同时，以思想政治工作统领企业文化建设。国有企业文化建设和党建工作的相互渗透，有助于促进党建工作的发展，并培育先进的企业文化。

2. 价值文化

企业的本质是价值创造。价值文化，就是在认知国有企业使命的基础上，树立价值创造意识，通过价值分析，找准企业价值管理的着力点与价值创造的关键点，以实现资源的有效配置，提升国有企业的价值创造能力。明确价值的内涵与外延是价值文化的前提。国有企业领导干部要通过学习理解价值的含义,厘清不同利益相关方的价值诉求及其内在逻辑联系,以员工价值驱动用户价值,以用户价值驱动股东价值。要摒弃传统意识中忽视员工价值的思维,并且要将员工置于价值创造的主体地位。

3. 创新文化

创新文化是企业在创新活动过程中形成的独具特色的创新精神财富以及创新物质形态的综合,包括创新价值观、创新准则、创新制度和规范、创新物质文化等。在创新驱动高质量发展的战略背景下,在国有企业中倡导创新文化,要以提升企业创新能力为目标,通过树立创新意识、营造创新氛围以及建立创新机制等引领创新实践。国有企业领导干部要引领员工树立"崇尚创新、宽容失败、支持冒险、鼓励冒尖"等意识。国有企业领导干部要在管理工作中探索创新性的管理模式与工作模式,创新管理机制、运作机制、激励和保障机制以及创新评估机制,并且要以宽容态度鼓励员工创新,使创新成为企业运营中的制度化、常态化的工作。

4. 责任文化

责任文化是在企业文化中嵌入责任的成分,形成国有企业全体成员共同信奉并践行的以责任为核心的价值观。国有企业肩负着国有资本保值增值、提高国有经济竞争力、放大国有资本功能等重任,承担着党和国家赋予的政治责任、经济责任以及社会责任。国有企业领导干部要引领员工树立责任意识,强化责任意识培育,以激发员工的潜能。打造责任文化,让责任贯穿生产经营的全过程,促进员工高效率、高品质地完成工作任务。同时,强化责任文化,增强员工的责任感,还有助于提升企业的抗风险能力。

5. 廉洁文化

廉洁文化是国有企业在长期发展中积累起来的廉洁从业的经营理念、行为规范以及从业行为等的总和,是国有企业确保合法经营、防范廉洁风险的关键。国有企业领导干部要引导员工树立廉洁意识,并以身作则带领广大职工廉洁从业。在树立廉洁意识的基础上,还需要制定廉洁制度,将廉洁理念固化为有形的廉洁制度,成为员工的行为准则,通过廉洁制度建设遏制腐败现象。另外,还可以通过开展廉洁教育、举办廉洁文化活动等方式强化员工的廉洁意识,使员工将廉洁内化于心、外显于行。

3.2 国有企业领导干部文化治企的措施

国有企业领导干部是国有企业运营的决策者,是国有企业文化的塑造者、推行者、垂范者与表率者。

国有企业领导干部不仅要善于以卓越的智慧和胆识为国有企业赢得市场,创造物质财富,也要以自己的远见卓识塑造与培育企业文化,为国有企业持续成长提供精神动力。国有企业领导干部要成为强有力的传播者。由地位、权力以及人格魅力而产生的影响力形成国有企业领导干部引领企业文化的权威,并对国有企业文化建设产生强大的助力效应。

国有企业领导干部提升文化治企有效性的途径如下。

3.2.1 明确使命与愿景

1. 企业使命

明确使命与愿景是企业文化建设的前提。明确使命就是要明确企业为什么而行动,通常要回答以下问题:

第一,我们的事业是什么?

第二,我们的客户群是谁?

第三,客户的需要是什么?

第四,我们用什么独特的能力来满足客户的需求?

第五,如何看待员工、客户、股东、供应商、竞争对手以及社会的利益?

2. 企业愿景

企业愿景是指企业未来的目标。在确定愿景之前,需要对我们的企业是什么、我们的企业将是什么、我们的企业应该是什么等问题进行深度思考,并就以下三个问题做出明确的回应:

第一,我们要到哪里去?

第二,我们的未来是什么样的?

第三,我们的具体目标是什么?

愿景是国有企业文化的导航与战略的指引。在有了明确的愿景之后，企业方能根据自身资源与能力确定企业的发展战略与竞争战略，以及实施战略的具体方案。

3.2.2 确定价值观

企业价值观是企业文化的核心，是指企业在追求经营成功过程中所推崇的基本信念和奉行的目标，是对企业存在的意义的终极判断，是企业决策者对企业本质、经营目标、运营方式的取向做出的选择，并为员工所接受的共同观念。价值观是企业面对员工、客户、股东、供应商、竞争对手以及其他利益相关方的态度，它决定着企业的立场，是企业生存、发展的内在动力，是企业行为规范的基础。

（1）价值观是企业所有员工的共识，而非仅由高层管理者认定；

（2）企业价值观是全体员工判断善恶的标准，是支配员工行为的内在力量；

（3）企业价值观是有意识培育的结果，而不是自发产生的；

（4）企业价值观并非一成不变，可随企业发展而迭代创新。

企业的持续成长依赖于决策者以及全体员工对正确价值理念的坚守。"务实的理想主义以及超越利润之上的追求"才能铸就企业基业长青（Colins 和 Porras，1994）。国有企业核心价值观要体现普遍性、民族性与崇高性等特质，以激励员工践行国有企业的伟大历史使命。

3.2.3 完善制度建设

核心价值理念落地生根依赖于制度保障。国有企业各项制度的制定与执行无不渗透着核心价值观。国有企业领导干部文化治企过程中的制度建设要从以下方面着手。

1. 健全国有企业领导干部文化治企的组织制度

马克斯·韦伯曾经将科层制视为控制员工的最合理的手段，其精度、稳定性、可靠性和纪律性等方面较其他任何组织结构形式都好。然而，臃肿、膨胀的组织，导致太多的层级和人员、鼓励权术手段而非真正工作能力的氛围、冗长的决策链、自上而下的控制、不鼓励员工主动参与、清晰的内部边界划分降低资源配置效率、风险规避、偏见及其产生的摩擦和斗争等，大大降低了组织的有效性（Hamel，2018）。科层制的组织中，决策迟缓、组织反应速度低下，创新被扼杀。

国有企业增强组织环境适应能力，确保决策有效性，强化组织创新与风险承担，激活员工潜能，增强用户交互，利用员工以及用户知识创造价值，有效管理企业面临的不确定性，依赖于精简敏捷的开放式组织结构。要构建去科层、去官僚的新型组织，充分激活组织潜能，使企业更具活力与创造力。

2. 健全国有企业领导干部文化治企的人事制度

"事业成败，关键在人"，国有企业领导干部文化治企的有效性依赖于强有力的干部推动与率先垂范的行为引领。在坚持国有企业领导干部人事制度、党管干部以及选贤任能基本原则的基础上，要丰富国有企业领导干部选拔方式，将组织考核与市场机制、公开社会招聘相结合，将党管干部原则和董事会依法选择经营管理者相结合，全方位考核领导干部，确保有担当、有能力的干部获得晋升机会，对敢于负责、勇于担当、善于作为、业绩突出的中央企业领导人员，应当及时提拔重用，激励中央企业领导人员讲担当、重担当；①要完善国有企业领导干部岗位配备制度，做到人尽其才，才尽其用。将每一位干部分配到最合适的岗位；要建立适合国有企业特点的干部激励约束机制以及退出机制。中央企业领导人员重点考核政治表现、能力素质、工作业绩、廉洁从业和履行"一岗双责"等情况。经营业绩实行分类考核，按照中央企业功能定位、发展目标和责任使命，对标同行业先进企业，提高考核的针对性和有效性。②

3. 完善国有企业领导干部文化治企的学习制度

持续学习是国有企业领导干部增强自身能力的重要手段。国有企业企业文化学习制度由学习方式制度、学习内容制度、学习

---

① 《中央企业领导人员管理规定》明确：加强中央企业领导人员管理，要坚持党管干部原则，坚持发挥市场机制作用，坚持德才兼备、以德为先，坚持严管和厚爱结合、激励和约束并重，完善适应中国特色现代国有企业制度要求和市场竞争需要的选人用人机制，建设对党忠诚、勇于创新、治企有方、兴企有为、清正廉洁的中央企业领导人员队伍。

② 参见《中央企业领导人员管理规定》，2018年5月11日，中央全面深化改革委员会第二次会议审议通过该《规定》。

评估制度等构成。学习方式要实现个人学习与集体讨论相结合，线上学习与线下学习相结合；学习内容包括党和国家关于国有企业领导干部政策导读、行业状况分析、企业核心价值观以及制度文化解读等。国有企业领导干部文化治企的学习要通过制度内化为行为习惯。

3.2.4 强化组织保障

国有企业文化建设有序推行依赖于充分的组织保障，可通过国有企业文化建设委员会或国有企业文化建设领导小组落地实施。

1. 领导干部协力推进

国有企业文化建设是"一把手工程"。领导干部要通过国有企业文化建设明确价值取向，把握国有企业文化建设的整体方向。要确定一名国有企业高层管理者担任委员会的常务副主任，专职从事委员会的领导工作，推进国有企业文化建设的实施。国有企业其他领导干部，可以担任委员会的副主任或委员。委员会还应吸收国有企业关键部门（如党群部门、政工部门、人力资源部门、战略发展部门、文化宣传部门）的负责人参加，以充分调动各方面的力量和资源。

2. 完善工作机构建设

在委员会之下，要建立一个高效精干的工作机构。由热心国有企业文化建设并具有一定国有企业文化基础知识，在今后企业文化建设中将成为骨干的人员组成。机构成员在常务副主任的领导下开展日常工作,为了使国有企业文化建设科学化、规范化、系统化有序进行,可根据需要借助"外脑",或者是具有较高国有企业文化理论水平的学者专家,或者是具有国有企业文化实践专业资质的管理咨询机构进入国有企业,协助开展企业文化建设。为了全面协调国有企业文化建设实施,形成互动式的工作机制,国有企业文化建设委员会及其工作机构还应吸收或聘请企业文化咨询顾问加入。

3.2.5 强化观念引导

国有企业领导干部要通过建立文化活动常态化机制,强化员工对核心价值理念的理解并内化于心、外显于行。通常可以通过编制员工行为手册、员工文化宣誓活动、文化理念宣贯培训、文化主题活动、业绩考核嵌入文化、实施文化活动积分制管理、组织员工参与企业文化评价等方式渗透企业核心价值理念,让文化无处不在,使文化润物细无声。

3.3 案例:企业文化赋能龙源电力持续成长

1. 龙源电力的发展历程

龙源电力集团股份有限公司成立于1993年,当时隶属国家能源部,后历经电力部、国家电力公司、中国国电集团公司,现隶属于国家能源集团,是中国最早开发风电的专业化公司。公司于 2009 年在香港主板成功上市，被誉为"中国新能源第一股"。如今，龙源电力已发展成为一家以新能源为主的大型综合性发电集团，在全国拥有 300 多个风电场，以及光伏、生物质、潮汐、地热和火电等发电项目，业务分布于中国 32 个省市区和加拿大、南非、乌克兰等国家。

龙源电力始终坚守可持续发展，大力发展可再生能源。目前公司主要有风力发电、太阳能发电、火力发电、潮汐发电、生物质发电、地热发电以及科技业务七大业务。科技服务聚焦与发电业务有关的科学研究、公共服务、业务咨询等，主要有新能源发展研究、风电行业公共服务平台、风电前期开发技术服务、风电工程咨询设计、风电场运行监控、风电场工程技术服务、网络安全技术服务、碳资产开发管理服务、太阳能咨询设计服务以及风电职业技术培训等。

公司承担了国家"863""973"及科技支撑计划项目 8 项，国家重点研发专项 2 项，先后荣获省部级科技进步奖 19 项、电力行业科学技术奖 47 项，集团科技进步奖 32 项，制定国家和行业标准 71 项，拥有专利授权 382 项。先后荣获最佳公司治理上市公司、十三五最具投资价值上市公司、最具品牌价值上市公司、全国文明单位、全国五一劳动奖状等荣誉，连续七年被评为"全球新能源 500 强"企业。2020 年 11 月，龙源电力南非履责案例"一度绿电照亮彩虹"获评 2020 中国企业海外形象建设"海外社会责任类"优秀案例。

2. 龙源电力的企业文化

龙源电力一系列丰富成就的取得，归功于同源文化的持续赋能。龙源文化是龙源事业的驱动力，其核心是"同源"。同源于龙的蓬勃向上的精神与传统，同根同源，同志同德，同甘共苦，同向同心，由此凝聚起来，激励龙源人在新时代自强不息，不断前行。

龙源电力经过多年的探索，将核心价值观凝练为：奋进、高效、创新、和谐。

（1）奋进：砥砺拼搏，奋进向前。龙源事业从一开始，就是在艰苦的环境中砥砺拼搏、创造社会价值的。龙源人每个人都认准龙源事业是有希望的事业，都争做坚定者、奋进者、搏击者，这是龙源人不断取得成就、永不枯竭的动力源泉。

（2）高效：以人为本，优质高效。龙源事业从来都是坚持多快好省，追求优质和高效的协同发展。确保优质，是龙源人的承诺，每件事情都力求做到极致；追求高效，是龙源人的作风，在安全的前提下将效率尽可能提高。以员工为本、优质高效来指导龙源电力持续运行。

（3）创新：锐意创造，不断出新。龙源事业，尤其是风电、太阳能发电等清洁能源就是从创新中走出来的。将来做事还要坚持创新理念、创新技术、创新管理、创新人才。锐意创造，不断出新，以新的成就引领世界。

（4）和谐：共同发展，和合天下。龙源事业是在龙源人协调各方关系中成长起来的。做事秉承互助合作、互促互补、人与自然和谐发展的思维方式和行为方式,促进和合共赢,与政府、用户、供应商、竞争者、合作者等相互协调,互利互惠。

龙源电力领导干部始终坚持党的领导,带领全体员工,在"开发清洁能源,建设美丽中国"的使命驱动下,在"奋进、高效、创新、和谐"核心价值理念的引领下,紧密跟踪国内碳市场,积极践行社会责任。

(1)"互联网+大党建",重塑党建管理新格局,实现党建工作规范化、高效化。公司党委坚持把支部建在风电场,实现了基层党组织全覆盖。目前,公司有基层党委33个,党委筹备组5个,党总支5个,党支部196个,党员2683人,分布在全国32个省市区和加拿大、南非等地。

(2)将ESG责任理念融入企业战略与运营实践中,长期积极贯彻国家的节能减排政策,切实履行具有全球竞争力的世界一流新能源公司的社会责任。坚持"保护环境、预防污染、依法治理,建设可持续发展的绿色电力"的环保方针。在创造绿色能源的过程中,着力构建清洁发展机制,持续强化环境保护,履行环境责任,努力塑造公司的绿色低碳形象,为促进环境美丽、生态文明贡献清洁电力,为社会创造共享价值,与社会共同实现可持续发展。

(3)2013年启动了全国第一个CCER项目开发,创下了全国第一个项目备案、减排量备案和签发、国际峰会场馆碳中和交易(APEC场馆)、CCER线上交易等多个"第一"。截至2018年12

月 31 日，公司共完成 42 个 CCER 项目备案，对应装机容量 233 万千瓦，在电力行业位居前列。

（4）紧跟国际政策走向，主动承担节能减排责任，努力实现绿色效益最大化。截至 2017 年年底，公司累计为社会输送清洁电力约 1910 亿千瓦时，相当于北京市 2017 年居民用电量的 10 倍多，减少二氧化碳排放约 1.904 亿吨，减少二氧化硫排放约 573 万吨。

（5）高度关注环境控制。采取各项措施加强工程建设及运营阶段环境保护管理工作，加强生产过程污染物的控制与固体排放物的综合利用。严格进行项目前期环保评估，认真规划实施项目工程运行后的植被恢复、环境保护等计划，确保场区形成结构合理、系统稳定的生态环境。

（6）积极参与保护生物行动。生物多样性是人类赖以生存的条件，是经济社会可持续发展的基础。项目施工过程中，高度重视保护区内生物多样性的完整和保护，强化生态功能区建设；开发后，巩固和发展退田还林成果，继续恢复山地和林地，有效保护和不断增强林地和湿地系统功能。

近 10 年，龙源电力通过"党建统领、优势发展、人才强企、锐意创新、安全至上、责任担当、高效执行、终身学习、廉洁从业、绿色关爱"十大管理理念的实施，持续聚焦于主营业务，开展相关多元化经营，实现了资产规模、营业收入以及每股收益的显著增长。资产从 2009 年的 643 亿元，增加到 2019 年的 1558 亿元，10 年间增加 915 亿元，增幅为 142%（见图 3-2）；营业总收入从 2009 年的 98 亿元,增加到 2019 年的 276 亿元,10 年间增加 178 亿元,增幅为 182%（见图 3-3），实现了资产规模扩大和营收高速增长。

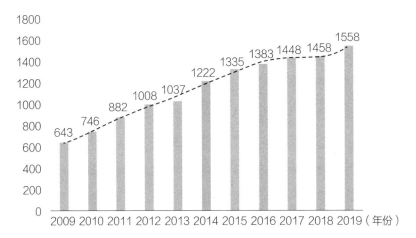

图 3-2　2009—2019 年龙源电力资产规模（亿元）

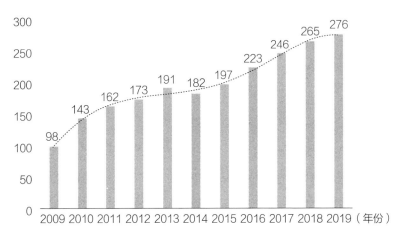

图 3-3　2009—2019 年龙源电力营业总收入（亿元）

综合盈利能力方面,由 2009 年的每股收益 0.174 元,增加到 2019 年的每股收益 0.5382 元,10 年间每股收益增加 0.3642 元,累计增长 209%(见图 3-4)。

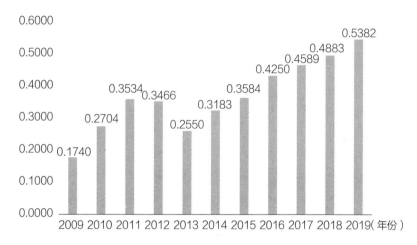

图 3-4　2009—2019 年龙源电力每股收益(元)

资料来源:龙源电力官方网站 http://www.clypg.com.cn/;Wind 数据库

案例思考:

1)什么是企业文化?企业文化的功能是什么?

2)龙源电力的使命对企业产生了怎样的影响?

3)龙源电力通过怎样的管理手段将企业文化落地实施?

4)龙源电力的企业文化产生了怎样的效果?

第 4 章

国有企业领导干部治企实现路径之三：制度保障

公司治理是通过一套包括正式或非正式的内部和外部的制度或机制来协调公司与所有利益相关者之间的利益关系,是企业持续竞争优势的来源,是提升国有企业价值创造能力的制度保障。我国国有企业不同于一般竞争性企业,它肩负着政治、经济与社会发展的多重使命,这决定了国有企业不能仅仅以追求利益最大化为目标,而要实现政治目标、经济目标以及社会目标的多维融合。国有企业必须坚持党的领导,将党委参与治理嵌入治理结构与治理机制中,实现科学决策与有效监督。

本章将在回顾国有企业混合所有制改革演进的基础上,阐述我国国有企业董事会的制度建设、党委参与治理的制度演进与理论依据、董事会的战略决策参与等,为国有企业领导干部提升治企能力提供制度理论支持。

4.1 国有企业改革的历史演进

追溯我国国有企业治理制度的演进，对于把握国有企业治理的演化规律，总结国有企业治理经验，完善国有企业治理结构与治理机制，具有重要的参考价值。我国国有企业现代企业制度开始于1993年党的十四届三中全会通过的《中共中央关于建立社会主义市场经济体制若干问题的决定》，历经现代企业制度建设初期、国有企业公司治理结构与治理机制建设期以及国有企业混合所有制改革期。目前，我国国有企业基本完成了从行政治理到双轨制治理再到现代企业制度治理的过渡。

4.1.1　1993—1997年　国有企业现代企业制度建设初期

1993年，中央提出建立现代企业制度是国有企业改革的方向，明确只有制度创新才能真正让国有企业成为市场主体、焕发市场活力。国有企业改革开始从"放权让利"进入到"制度创新"。中国共产党第十四届三中全会通过的《中共中央关于建立社会主义市场经济体制若干问题的决定》中明确提出："进一步转换国有企业经营机制，建立适应市场经济要求，产权清晰、权责明确、政企分开、管理科学的现代企业制度。"

1993年12月，中华人民共和国第一部《公司法》出台，明确规定，公司享有由股东投资形成的全部法人财产权，依法享有民事权利，承担民事责任。公司以其全部法人财产，依法自主经营，自负盈亏。"法人治理结构"被正式提出，《公司法》明确要求国有企业要改制成为有限责任公司和股份有限公司，同时要求各企业要按照制度以及公司章程建立股东会、董事会、监事会的三会制度。现代企业制度初步建立。

国有企业按照《公司法》的要求建立了现代企业管理制度，实现了出资者所有权和企业法人财产权的分离，一定程度上实现了政企分开，摆脱了对行政机关的过度依赖。经营机制的转换，一定程度上释放了国有企业的活力。1994年，国务院选择了100家不同类型的国有大中型企业进行建立现代企业制度试点。1997年试点结束后，仅17家国有企业实行了投资主体多元化的股份制，大部分企业选择了国有独资公司的形式。

4.1.2　1998—2002年　国有企业公司治理结构与机制建设期

随着市场竞争程度的提高以及非国有经济的发展，国有企业出现了经营绩效下滑的现象。为扭转局面，国家经济贸易委员会出台了《关于1998年国有企业改革和发展工作的意见》，开启了国有企业长达三年的私有化改制阶段。

1999年，党的十五届四中全会明确提出发展混合所有制经济，正式拉开了我国国有企业实行混合所有制改革的大幕。大会《决定》指出，"对国有大中型企业实行规范的公司制改革"，并明确"公司制是现代企业制度的一种有效组织形式，公司法人治理结构是公司制的核心。国有企业要明确股东会、董事会、监事会和经理层的职责，要形成各负其责、协调运转、有效制衡的法人治理结构"。在《决定》的推动下，股份改制剥离了国有企业原有的政策性负担和非核心业务，优质资产被注入新成立的公司，政府对国有上市公司的直接干预被削弱。新成立的公司通过上市引入了外部投资者、事务所等外部监督机制，股权结构得到一定改善。

2002年1月，证监会和国家经贸委联合发布《上市公司治理准则》，强调上市公司应建立独立董事制度。2001年8月，证监会颁布的《关于在上市公司建立独立董事制度的指导意见》指出，在2002年6月30日前，董事会成员中应至少包括2名独立董事；在2003年6月30日前，上市公司独立董事的比例不得低于1/3。同年，党的十六大报告提出在中央和地方政府设置相应的机构，以国有资产出资人代表的身份履行相应权利。

4.1.3 2003年至今 国有企业混合所有制改革期

我国2003年开始推进国资监管体制改革，构建管人、管事、管资产的国资监管体制。将宏观层面的国资资产管理体制创新与微观层面的现代企业制度有机结合。宏观监管体制层面，推进国有资产监管职能的创新，实现"从管人管事管资产"向"以管资本为主"转变。强化国资委对国有企业的监管，实现监管理念与监管方式等全方位创新。旨在使国资监管机构在防止国有资产流失、提高监管效率的前提下，保证国有企业的独立市场主体地位。党中央明确指出,国有企业改革要进一步深化"制度创新",在微观企业制度层面,逐步探索形成中国特色的现代企业制度,坚持党对国有企业的领导和坚持建立现代企业制度的国有企业改革方向。2003年10月14日,党的十六届三中全会通过的《中共中央关于完善社会主义市场经济体制若干问题的决定》明确指出,要"大力发展国有资本、集体资本和非公有资本等参股的混合所有制经济,实现投资主体多元化,使股份制成为公有制的主要实现形式,完善公司法人治理结构,加快推进和完善垄断行业改革"。同年,国务院国有资产监督管理委员会正式成立,并在国务院的授权下代表国家履行出资人职责,行使对中央所属企业国有资产的监督管理权。随后,各省、地市级国有资产监管机构先后成立,并逐渐形成了从中央到地方的国有资产监管体制。

在此期间,国务院国资委还先后制定发布了《中央企业负责人经营业绩考核暂行办法》《企业国有资产监督管理暂行条例》《企业国有产权转让管理暂行办法》等多个规章和规范性文件,国有资产管理体制逐步完善。鉴于之前试点工作取得的成效,股份制在十六届三中全会上被正式列为实现公有制的主要形式。国有企业在推行股份制的基础上,开始逐渐构建以股东会、董事会与监事会为主要特征的治理结构。旨在通过在企业内部形成有效的制衡关系,提高国有企业决策的科学性,并强化解决内部人控制的治理。

2006年,国务院办公厅转发国务院国资委《关于推进国有资本调整和国有企业重组的指导意见》,《意见》明确了国有经济和中央企业必须控制的具体行业和领域：对包括军工、电网电力、石油石化、电信、煤炭、民航、航运等七大行业在内的、关系国家安全和国民经济命脉的重要行业和关键领域"要保持绝对控制力"；对包括装备制造、汽车、电子信息、建筑、钢铁、有色金属、化工、勘察设计、科技等九大行业在内的，基础性和支柱产业领域的重要骨干企业，国有经济也要"保持较强控制力"。

《2007年国务院政府工作报告》强调深化国有企业改革。要按照有进有退、合理流动的原则，推动国有资本更多地向关系国家安全和国民经济命脉的重要行业和关键领域集中。推进企业调整重组，支持有条件的企业做强做大。推进国有大型企业股份制改革，健全公司法人治理结构、投资风险控制机制和内部监督管理机制，建立适应现代企业制度要求的选人用人和激励约束机制。完善国有资产监管体制，建立国有资本经营预算制度，规范国家与企业的分配关系，加快推进垄断行业改革。进一步放宽市场准入，引入竞争机制，实行投资主体和产权多元化。深化电力、邮政、电信、铁路等行业改革，稳步推进供水、供气、供热等市政公用事业改革。

2008—2009年针对国有混合所有制改革过程中出现的员工持股问题，为规范国有企业改制，加强企业管理，防止国有资产流失，维护企业和职工合法权益，国务院国有资产监督管理委员会颁布了《关于规范国有企业职工持股、投资的意见》（国资发改革〔2008〕139号），发布了《关于实施＜关于规范国有企业职工持股、投资的意见>有关问题的通知》（国资发改革〔2009〕49号）。《意见》提出了"区别对待，分类指导"的原则，规范了企业管理层持股、投资行为。要求"规范操作，强化管理"，引入职工持股应当公开透明、公平公正，严格执行国家有关企业改制和产权转让的各项规定。要加强内部管理，防止通过不当行为向职工持股、投资的企业转移国有企业利益。要求职工持股要有利于深化企业内部人事、劳动、分配制度改革，切实转变经营机制。要落实好职工参与改制的民主权利，尊重和维护职工股东的合法权益。2009年的文件进一步对持股的国有企业管理人员范围、股权的定价、国有企业改制违规行为的处理方式以及股权转让的监督管理等均做出了明确的规定。

2010—2012年国有企业改革的重点是加快大型国有企业特别是中央企业母公司的公司制改革，实现产权多元化，完善法人治理结构。完善大型商业银行、国有控股金融机构、政策性金融机构的股份制改革成为当时金融机构改革的重要任务。发展非公资本，鼓励民间资本进入铁路、市政、金融、能源、电信、教育、医疗等领域。

2013年以后，国有企业混合所有制改革进入重要历史时期。《中共中央关于全面深化改革若干重大问题的决定》中提出的"国有、集体与民资相互交叉持股，积极推动混合所有制经济；完善国有资产管理体制，组建若干国有资本运营公司，以及按照行业分类管理国有企业，继续控股垄断行业、放开竞争性业务，有进有退推进国企改革"标志着我国正式进入新一轮国企改革时期。2014年,国资委试点一批国有企业,将其改造为国有资本投资公司与国有资本运营公司,并授予企业一定的监督管理权力。国有产权管理体制的改革,使得国资委与企业之间的"行政管理"关系,转变为"股东和企业"的关系,实现了国资委的行政权力向经济权力的转化。2015年9月,国家又发布了《关于深化国有企业改革的指导意见》这一政策性文件,推进国企改革、发展混合所有制经济的实施方案正式出台。

2016年国资委、国家发展改革委等实施"十项改革"试点,落实董事会职权,推行职业经理人制度,推动国有资本投资、运营公司试点、央企重组等试点工作、混合所有制改革等。2016年年底,中央经济工作会议进一步强调,要加快形成国有企业有效制衡的法人治理结构、灵活高效的市场化经营机制,并在电力、石油、天然气、铁路、民航、电信、军工等领域迈出混合所有制改革的实质性步伐。2016年8月,经国务院批准,由中国国新控股有限责任公司、中国邮政储蓄银行股份有限公司、中国建设银行股份有限公司、深圳市投资控股有限公司共同出资设立的中国国有资本风险投资基金股份有限公司正式成立,成为国内最大的国有风险投资基金。设立国有资本风险投资基金,符合贯彻落实国家创新驱动发展战略的现实需要,是调整优化国有资本布局结构的重大举措,是推进国有资本运营公司试点的有益尝试。同年9月,由诚通集团携手中国邮政储蓄银行、招商局、中国兵器工业集团、中国石化、神华集团、中国移动、中国中车、中国交建和北京金融街投资（集团）有限公司，共同发起设立中国国有企业结构调整基金股份有限公司，旨在推动国有资本向关系国家安全和国民经济命脉的重要行业和关键领域、重大专项任务集中，向具有核心竞争力的优势企业集中，优化国有资本的分布，提高资源配置效率和国有资本使用效益。中国诚通已接收管理国资委划转的中国远洋、中海科技、宝钢股份、武钢股份、中国建材、中材节能、中国能建、桂冠电力等央企上市公司部分股权，并接收了中国旅游集团所属上市公司华贸物流控制性股权。截至2019年年底，中国国有企业结构调整基金股份公司以市场化方式，推动国有企业结构调整、助力国有企业改革脱困、参与混合所有制改革、布局战略性新兴产业，基本实现了"促进央企国企布局优化和结构调整、推动国有资本运营公司试点、取得市场化投资回报"的三大目标。

2017年，国务院进一步加大国有企业混合所有制改革的政策推动，分别颁布了《关于进一步完善国有企业法人治理结构的指导意见》（国发〔2017〕36号）、《国务院办公厅关于转发国资委以管资本为主推进职能转变方案的通知》（国办发〔2017〕38号）等重要文件，国有企业混合所有制改革步伐进一步加快。政策旨在进一步强化股东会、党委会、董事会、监事会以及经理层的职权以及以公司章程为核心的公司自治，强化国资委的管资本职能，加强党的领导与公司治理的融合，推进混合所有制改革试点企业的员工持股等混合所有制的改革。11家央企成为国有资本投资公司试点企业，包括航空工业集团、国家电投、国机集团、中铝集团、中远海运、通用技术集团、华润集团、中国建材、新兴际华集团、中广核、南光集团等。

2018年8月，国资委首次明确"双百工程"综合改革示范企业名单，约有450家中央企业下属公司和地方国资企业入选名单。这些企业在国资委等部门的支持和推动下，从公司治理、市场化运营、混改和股权多元化、激励约束机制以及加强党委参与治理等多维度推进国有企业的混合所有制改革。2019年11月，国资委印发了《中央企业混合所有制改革操作指引》；同月，党的十九届四中全会审议通过了《中共中央关于坚持和完善中国特色社会主义制度，推进国家治理体系和治理能力现代化若干重大问题的决定》，《决定》强调："发展混合所有制经济，增强国有经济竞争力、创新力、控制力、影响力、抗风险能力，做强做优做大国有资本。要形成以管资本为主的国有资产监管体制，有效发挥国有资本投资、运营公司的功能。"国有企业混合所有制改革"1+N"系列文件的颁布，表明了党中央与各级政府对推进混合所有制改革方向的坚守，展现了我国国有企业机制、体制创新的道路自信。在一系列改革政策的推动下，目前国有企业混合所有制改革呈现全国性政策层面和各省市政策层面同步推动、协同发力的特点。中央企业和地方国有企业通过各种实践，不断完善着产权流转的方式，探索和推动国有企业在企业内部、跨企业、跨区域优化配置。与以往相比,这一阶段的混合所有制改革规模更大、层次更深。从宏观层面上,实现了从对国有资产的管理模式向对国有资本的管理模式的改变;从微观层面上,激发了国企的活力。

历年国有企业混合所有制改革文件请参见表4-1。

表4-1 1999—2020国有企业混合所有制改革文件

时间	文件	文件精神
1999.09	十五届四中全会,《中共中央关于国有企业改革和发展若干重大问题的决定》	建立现代企业制度,是国有企业改革的方向。从战略上调整国有经济布局,要同产业结构的优化升级和所有制结构的调整相结合; 对国有企业实施战略性改组,充分发挥市场机制作用,积极探索公有制的多种有效实现形式,大力发展股份制和混合所有制经济; 对国有大中型企业实行规范的公司制改革,建立健全法人治理结构。建立符合市场经济规律和我国国情的国有企业领导体制与组织管理制度。加强和改善党的领导,是加快国有企业改革和发展的根本保证
2003.10	十六届三中全会,《中共中央关于完善社会主义市场经济体制若干问题的决定》	大力发展国有资本、集体资本和非公有资本等参股的混合所有制经济,实现投资主体多元化,使股份制成为公有制的主要实现形式,完善公司法人治理结构,加快推进和完善垄断行业改革
2004.03	《国务院政府工作报告》	加快发展混合所有制经济,建立健全公司治理结构,完善产权保护制度
2005.03	《国务院政府工作报告》	有序实施国有企业混合所有制改革,依法保护各类企业法人财产权
2006.03	《国务院政府工作报告》	加快国有大型企业股份制改革,完善产权结构、公司治理结构和激励约束机制,推进投资主体和产权多元化

（续）

时间	文件	文件精神
2007.03	《国务院政府工作报告》	推进国有大型企业股份制改革，健全公司法人治理结构，建立适应现代企业制度要求的选人用人和激励约束机制。加快推进垄断行业改革，引入竞争机制，实行投资主体和产权多元化； 加快金融体制改革。深化国有银行改革，巩固和发展国有商业银行股份制改革成果，推进中国农业银行股份制改革，深化政策性银行改革，重点进行国家开发银行改革； 构建分工合理、投资多元、功能完善、服务高效的农村金融组织体系。大力发展资本市场，推进多层次资本市场体系建设，扩大直接融资规模和比重
2008.10	《关于规范国有企业职工持股、投资的意见》国资发改革〔2008〕139号	深入贯彻落实科学发展观，深化国有企业股份制改革，完善公司法人治理结构，促进国有资本有进有退合理流动，规范国有企业改制和企业职工投资行为，防止国有资产流失，维护企业和职工合法权益，实现国有企业又好又快发展
2009.03	《关于实施＜关于规范国有企业职工持股、投资的意见＞有关问题的通知》国资发改革〔2009〕49号	国有企业中层以上管理人员清退或转让股权时，国有股东是否受让其股权，应区别情况、分类指导。国有企业要从投资者利益出发，着眼于国有资产保值增值，结合企业发展战略，围绕主业，优先受让企业中层以上管理人员所持国有控股子企业股权，对企业中层以上管理人员持有的国有参股企业或其他关联企业股权原则上不应收购。企业中层以上管理人员所持股权不得向其近亲属，以及这些人员所有或者实际控制的企业转让
2009.03	《国务院政府工作报告》	推进国有企业改革和支持非公有制经济发展。深化国有大型企业公司制、股份制改革，建立健全现代企业制度。积极支持民间资本参与国有企业改革，进入基础设施、公用事业、金融服务和社会事业等领域

(续)

时间	文件	文件精神
2010.03	《国务院政府工作报告》	加快大型国有企业特别是中央企业母公司的公司制改革,实现产权多元化,完善法人治理结构
2011.03	《国务院政府工作报告》	顺利完成国有大型商业银行股份制改革,积极推进政策性金融机构改革、农村信用社改革,解决上市公司股权分置问题,深入推进保险业改革开放,国有企业公司制股份制改革、国有资产监管体制改革顺利进行
2012.03	《国务院政府工作报告》	完善和落实促进非公有制经济发展的各项政策措施,打破垄断,放宽准入,鼓励民间资本进入铁路、市政、金融、能源、电信、教育、医疗等领域
2013.11	十八届三中全会,《中共中央关于全面深化改革若干重大问题的决定》	巩固和发展公有制经济,完善产权保护制度,积极发展混合所有制经济,推动国有企业完善现代企业制度,并支持非公有制经济健康发展
2015.09	《中共中央、国务院关于深化国有企业改革的指导意见》	坚持党对国有企业的领导,依法治企,健全法人治理结构,稳妥推动国有企业发展混合所有制经济。分类推进国有企业改革,做强做优做大国有企业,不断增强国有经济活力、控制力、影响力、抗风险能力
2015.09	《国务院关于国有企业发展混合所有制经济的意见》	将产权多元化与完善公司治理结合起来,分类、分层推进国有企业混合所有制改革,鼓励各类资本参与国有企业混合所有制改革

（续）

时间	文件	文件精神
2015.11	《国务院关于改革和完善国有资产管理体制的若干意见》	坚持和完善社会主义基本经济制度，坚持社会主义市场经济改革方向，尊重市场经济规律和企业发展规律，正确处理好政府与市场的关系，以管资本为主加强国有资产监管，改革国有资本授权经营体制，真正确立国有企业的市场主体地位，推进国有资产监管机构职能转变，适应市场化、现代化、国际化新形势和经济发展新常态，不断增强国有经济活力、控制力、影响力和抗风险能力
2016.02	《国资委、国家发改委、人社部国企"十项改革"试点计划》	落实董事会职权试点、市场化选聘经营管理者试点、推行职业经理人制度试点、企业薪酬分配差异化改革试点、国有资本投资、运营公司试点、中央企业兼并重组试点、部分重要领域混合所有制改革试点、混合所有制企业员工持股试点、国有企业信息公开工作试点、剥离企业办社会职能和解决历史遗留问题试点
2016.12	《中央经济工作会议公报》	深化国企国资改革，加快形成有效制衡的公司法人治理结构、灵活高效的市场化经营机制。混合所有制改革是国企改革的重要突破口，按照完善治理、强化激励、突出主业、提高效率的要求，在电力、石油、天然气、铁路、民航、电信、军工等领域迈出实质性步伐。加快推动国有资本投资、运营公司改革试点
2017.05	《关于进一步完善国有企业法人治理结构的指导意见》（国发〔2017〕36号）	从理顺出资人职责、加强董事会建设、激发经理层活力、完善监督机制、坚持党的领导等五个方面规范主体权责，健全以公司章程为核心的企业制度体系，依照法律法规和公司章程，严格规范履行出资人机构、股东会、董事会、经理层、监事会、党组织和职工代表大会的权责，保障有效履职，完善符合市场经济规律和我国国情的国有企业法人治理结构

（续）

时间	文件	文件精神
2017.05	《国务院办公厅关于转发国务院国资委以管资本为主推进职能转变方案的通知》国办发〔2017〕38号	以管资本为主加强国有资产监管，以提高国有资本效率、增强国有企业活力为中心，改进监管方式，全面加强党的建设，加快实现以管企业为主向以管资本为主的转变。强化出资人监管与落实管党治党责任相结合、精简监管事项与完善国有企业法人治理结构相结合，强化管党治党责任。建立健全党建工作责任制，加强党的领导与完善公司治理相统一，坚持党管干部原则与市场化机制相结合
2017.07	《国务院办公厅关于印发中央企业公司制改制工作实施方案的通知》（国发〔2017〕（69号）	2017年年底前，按照《中华人民共和国全民所有制工业企业法》登记的、国务院国有资产监督管理委员会监管的中央企业（不含中央金融、文化企业），全部改制为按照《中华人民共和国公司法》登记的有限责任公司或股份有限公司，加快形成有效制衡的公司法人治理结构和灵活高效的市场化经营机制
2017.11	《关于深化混合所有制改革试点若干政策的意见》（发改经体〔2017〕2057号）	科学准确地对国有资产进行定价，依法妥善解决混合所有制改革涉及的国有企业职工劳动关系调整、社会保险关系接续等问题，确保职工队伍稳定。认真落实国有企业改革1+N系列文件，坚持依法合规、公开透明、立足增量、不动存量、同股同价、现金入股、以岗定股、动态调整。推进混合所有制改革试点，企业员工持股，实现企业与员工利益和风险绑定，强化内部激励，完善公司治理。各地省属国有企业集团公司开展混合所有制改革，推进军工企业混合所有制改革

（续）

时间	文件	文件精神
2018.07	《国务院关于推进国有资本投资、运营公司改革试点的实施意见》（国发〔2018〕（23号）	通过改组组建国有资本投资、运营公司，构建国有资本投资、运营主体，改革国有资本授权经营体制，完善国有资产管理体制，实现国有资本所有权与企业经营权分离，实行国有资本市场化运作。发挥国有资本投资、运营公司平台作用，促进国有资本合理流动，优化国有资本投向，向重点行业、关键领域和优势企业集中，推动国有经济布局优化和结构调整，提高国有资本配置和运营效率，更好服务国家战略
2018.11	《关于印发中央企业合规管理指引（试行）的通知》（国资发法规〔2018〕106号）	有效防控合规风险，开展包括制度制定、风险识别、合规审查、风险应对、责任追究、考核评价、合规培训等管理活动。国资委负责指导监督中央企业合规管理工作。中央企业按照全面覆盖、强化责任、协同联动、客观独立的原则加快建立健全合规管理体系，董事会、监事会、经理层各司其职
2019.10	《国资委关于印发＜中央企业混合所有制改革操作指引＞的通知》（国资产权〔2019〕653号）	中央企业所属各级子企业实施混合所有制改革，一般应履行以下基本操作流程：可行性研究、制定混合所有制改革方案、履行决策审批程序、开展审计评估、引进非公有资本投资者、推进企业运营机制改革。以新设企业、对外投资并购、投资入股等方式实施混合所有制改革的，履行中央企业投资管理有关程序
2019.11	第十九届四中全会，《中共中央关于坚持和完善中国特色社会主义制度推进国家治理体系和治理能力现代化若干重大问题的决定》	发展混合所有制经济，增强国有经济竞争力、创新力、控制力、影响力、抗风险能力，做强做优做大国有资本。深化国有企业改革，完善中国特色现代企业制度。形成以管资本为主的国有资产监管体制，有效发挥国有资本投资、运营公司的功能作用

(续)

时间	文件	文件精神
2020.03	《国务院政府工作报告》	推进要素市场化配置改革。推动中小银行补充资本和完善治理，更好地服务中小微企业。改革创业板并试点注册制，发展多层次资本市场。强化保险保障功能。赋予省级政府建设用地更大自主权。促进人才流动，培育技术和数据市场，激活各类要素潜能； 提升国资国企改革成效，健全现代企业制度，完善国资监管体制，深化混合所有制改革。国企要聚焦主责主业，健全市场化经营机制，提高核心竞争力
2020.06	中央全面深化改革委员会第十四次会议审议通过，《国企改革三年行动方案（2020—2022年）》	坚持和加强党对国有企业的全面领导，坚持和完善基本经济制度，坚持社会主义市场经济改革方向，抓重点、补短板、强弱项，推进国有经济布局优化和结构调整，增强国有经济竞争力、创新力、控制力、影响力、抗风险能力。2020年作为国企改革三年行动启动之年，国企混改、重组整合、国资监管体制改革等方面都将进入快速推进、实质进展的新阶段

资料来源：根据相关资料整理

总之，我国国有企业法人治理结构的建立和完善是伴随着产权改革而不断发展和完善的。经过近30年的国有企业改革，国有企业现代企业制度建设实现了从无到有的突破，治理结构与治理机制逐步完善。伴随着《中华人民共和国公司法》的五次修订、国有企业混合所有制的改革以及市场化与法制化程度的提高，国有资产管理体系逐步健全，国有企业的政府定位渐渐清晰。

政府角色的重新定位、法律与监管环境的持续改善、市场化程度进程的加快，尤其是自 2019 年以来的注册制改革，大大增强了资本市场的资源配置能力。

4.2 国有企业党委参与治理

党委参与治理体现了党对国家出资人机构代表人民履行出资人职责的充分尊重，是具有中国特色的制度安排，是国有企业公司治理的重大创新。2015 年 9 月国务院颁发的《关于深化国有企业改革的指导意见》中明确指出，将加强党的领导和完善公司治理统一起来，将党建工作纳入国有企业章程，明确国有企业党组织在公司法人治理结构中的法定地位，切实承担好、落实好从严管党治党的责任，进一步加强国有企业领导班子建设和人才队伍建设。2017 年，《国务院办公厅关于进一步完善国有企业法人治理结构的指导意见》（国办发〔2017〕36 号）进一步明确，加强党的建设是国有企业的独特优势，要将党建工作总体要求纳入国有企业章程，明确党组织在企业决策、执行、监督各环节的权责和工作方式，使党组织成为企业法人治理结构的有机组成部分。要充分发挥党组织的领导核心和政治核心作用，领导企业思想政治工作，支持董事会、监事会、经理层依法履行职责，保证党和国家方针政策的贯彻执行。2020 年 12 月 30 日，中央全面深化改革委员会第十七次会议审议通过《关于中央企业党的领导融入公司治理的若干意见（试行）》，会议明确指出："中央企业党委（党组）是党的组织体系的重要组成部分，要发挥把方向、管大局、促落实的领导作用。要完善体制机制，明确党委（党组）在决策、执行、监督各环节的权责和工作方式，正确处理党委（党组）和董事会、经理层等治理主体的关系，坚持权责法定、权责透明、协调运转、有效制衡的公司治理机制，推动制度优势更好转化为治理效能。"

党委参与治理是国家政治权力和经济权力在企业层面的体现。政治权力在宏观上指的是个人和集团通过政治制度及政治机构支配、控制或影响他人的能力和过程。实现政治权力的目的是掌握对社会资源、财富、价值和权力的分配权，并使其符合自身的愿望和利益。经济权力指经济行为主体在社会生产活动中的利益力量关系的集合，本质上是一种财产权。作为国有产权代表的董事长、党委书记以及党员董事，在国有企业的治理与管理中行使的是国有产权代表的权力。党委参与治理写进公司章程，以公正司法保障的合约方式参与资源的分配是国家参与资源分配的权力行为文明化的结果，具有经济与法理上的正当性。

党对国有企业的领导是政治领导、思想领导、组织领导的有机统一。《中国共产党党章》明确规定："国有企业党委（党组）发挥领导作用，把方向、管大局、保落实，依照规定讨论和决定企业重大事项……；保证党和国家的方针、政策在本企业的贯彻执行；支持股东会、董事会、监事会和经理（厂长）依法行使职权;全心全意依靠职工群众,支持职工代表大会开展工作;参与企业重大问题的决策;加强党组织的自身建设……"

4.2.1 党委参与治理的理论依据

党委参与治理不仅是中国特色社会主义制度的治理模式创新,而且具有充分的理论依据。掌握党委参与治理的理论依据,是坚持党委参与治理理论自信的前提。

1. 资源依赖理论

资源依赖理论认为企业是一个开放的系统,任何组织都不可能持有赖以生产和发展的全部资源。为了组织的生存和发展,组织必须与外部环境互动以获得资源,对资源的需求构成了组织对外部环境的依赖,资源交换成为联系组织和环境关系的纽带。权力依赖关系是资源依赖理论的核心,一个组织对权力的依赖程度取决于三个关键因素:

(1) 资源对组织生存的重要性;

(2) 组织外部获得或处理资源的程度;

(3) 替代性资源的存在程度。

党组织能够给国有企业发展带来攸关企业生存和发展的重要政治资源,有助于拓展企业的生存空间,为企业创造有利的外部环境。因此,党委参与国有企业治理不仅是国资委作为国有企业主要出资人的权力,也有利于国有企业发挥党组织的资源效用。

中国共产党是先进文化的代表。党组织在企业文化建设中发挥着核心领导作用,引导企业树立符合社会主义核心价值观的企业文化,为员工提供企业凝聚力和归属感,甚至可以通过挖掘"红色人力资本"并发挥其先锋模范作用,将政治资源优势转变为人力资本优势。

2. 委托代理理论

在公司制企业中,所有权和经营权的分离产生了委托代理关系,双方存在既相互合作又充满利益冲突的关系。由于双方利益的不一致、信息的不对称、契约的不完备以及存在交易费用等原因,必然会产生代理问题。

依据《中华人民共和国企业国有资产法》,国务院代表国家行使国有资产所有权,依法与国有企业构成包含四个层级的委托代理关系。具体而言,国务院作为委托人,将国有资产委托给代理人国有资产监督管理委员会;国有资产监督管理委员会作为委托人,将国有企业委托给代理人国有资本投资公司以及国有资本运营公司。最后,国有资本投资公司或者国有资本运营公司作为委托人将国有企业委托给最终代理人国有企业经营者。代理链条过长、国有产权所有者缺位导致的内部人控制、异质性委托人以及目标多元化等问题是我国国有企业普遍存在的代理问题。

鉴于国有企业现有委托代理关系存在的"内部人控制"等代理问题,党委参与治理可以对国有企业高管的权力形成约束,从而减少"内部人控制"导致的治理风险,实现国有资产的保值增值。"双向进入,交叉任职"的领导体制以及党委参与治理写进公司章程的规定,从制度与组织上强化了党组织在公司治理中的地位,保证了党委参与重大决策的合法性。

4.2.2 党委参与治理的演进历程

在我国,国有企业党委参与治理最早可以追溯到1921年的"党营企业"。从1921年至今,党委参与治理已百年,在我国实现从半殖民地半封建社会到新民主主义社会再到社会主义社会的历史巨变中发挥了重要的作用。在新中国成立和发展的历史中,国有企业既为现代国家的建构提供了重要的物质基础,也提供了政党权力建构的经济资源。

我国党委参与国有企业治理可分为三个主要阶段。

1. 初期探索阶段(1921—1978年)

这一阶段以1956年我国基本完成社会主义三大改造,实现从新民主主义社会向社会主义社会的转变为时间节点,分为前期探索和后期探索两个阶段。在前期探索中,国有企业以党营企业的形式存在,主要任务是为国家政权以及国家建立提供物质保障,国有企业的权力架构由厂长负责制向两种体制并行过渡。在后期探索中,国有企业的主要任务是为我国全面建设社会主义提供物质保障。国有企业的权力架构表现为党委领导下的行政管理上的厂长负责制。十年浩劫中,党委参与公司治理也遭遇挫折,但最终确立了党委在国有企业中的领导地位。

探索阶段的党委参与治理体现为：①国有企业厂长与国有企业党组织的权力博弈；②政治优先是国有企业党建工作的生成逻辑。实践证明，党委参与治理有利于国有企业实现其使命。

2. 治理实践阶段（1978—2013 年）

以 1978 年年底党的十一届三中全会为标志，我国开始了经济体制的全面改革。在公司层面，国有企业先后进入了经验层面的改革、所有权的改革，并逐渐步入建立现代企业制度和现代产权制度阶段。㊀与探索阶段相比，党委参与公司治理主要发生了三大变化：①党委的工作重点从"政治动员"转变为以政治优势促进企业竞争能力的提升，从而为强化执政党在经济领域的领导权提供合法性保障；②党委在国有企业的权力发生变化，形成了国有企业公司治理结构与党建工作共存的局面；③在市场经济条件下，党组织成为连接企业与政府的纽带，并影响着企业外部资源的获取。

3. 法律与政策确认阶段（2014 年至今）

在经历初期探索以及改革开放三十余年的实践后，以 2014 年新修订的《公司法》为标志，国有企业党组织参与治理得到法律的正式认可。《公司法》规定，国有企业要根据党章的规定，设立党组织并开展活动。党委参与国有企业公司治理实现了"落

㊀ 李兆喜. 浅谈国有企业改革历程及改革政策 [J]. 现代国企研究，2018，(8)：20.

地成文"的历史性转变。为了确保党组织参与治理的实施,国务院颁布了多个文件明确要将党委参与治理写进公司章程,如国资委《关于将中央企业党建工作要求纳入公司章程有关事项的通知》(国资党办组织〔2016〕38号)、《关于加快推进中央企业党建工作总体要求纳入公司章程有关事项的通知》(国资党委党建〔2017〕1号)、《中共中央组织部、国务院国资委党委关于扎实推动国有企业党建工作要求写入公司章程的通知》(组通字〔2017〕11号)以及国务院办公厅《关于进一步完善国有企业法人治理结构的指导意见》(国办发〔2017〕36号)等。2017年10月修订的《中国共产党章程》以及2018年3月的《中华人民共和国宪法修正案》分别从党的纲领和法律层面明确了党组织参与国有企业治理的地位。2018年9月新修订的《上市公司治理准则》以及2019年12月印发的《中国共产党国有企业基层组织工作条例》(以下简称《条例》)均明确提出,要将党建工作总体要求纳入国有企业章程,使党组织成为企业法人治理结构的有机组成部分。《条例》进一步明确了国有企业公司章程要写明党组织的职责权限、机构设置、运行机制、基础保障等重要事项,明确党组织研究讨论是董事会、经理层决策重大问题的前置程序。《条例》指出,要坚持和完善"双向进入、交叉任职"的领导体制,切实把党的领导融入公司治理各环节,把企业党组织内嵌到公司治理结构之中,使党组织发挥作用组织化、制度化、具体化。2020年12月30日中央全面深化改革委员会第十七次会议审议通过《关于中央企业党的领导融入公司治理的若干意见（试行）》，再次明确了党委参与治理的原则。

从党委参与治理的实践来看，多数公司的公司章程均明确规定了党委的人员构成，一般由一名党委书记和若干名党委成员组成，董事长、党委书记一人兼任，并设立主抓企业党建工作的专职副书记，党委成员和公司治理结构之间采用"双向进入、交叉任职"的制度。章程中明确"三重一大"事项的决策要前置到党委会。多数公司在章程中规定高管人员的选聘"应当听取党委对拟任人选的意见"或"董事会聘任公司高级管理人员时，党委对董事会或总裁提名的人选进行酝酿并提出意见建议，或向董事会、总裁推荐提名人选"。部分公司给予了党委会召开董事会临时会议的提议权。还有部分公司在公司章程中直接规定公司或股东拥有起诉党组织成员的权力。

总之，我国国有企业党委参与治理的演进历程表明，党委参与国有企业治理是一种强制性的制度变迁，是符合中国特色社会主义的制度安排。在我国强化执政党对国有企业的领导是维护国有资产安全与职工利益、实现国有资产保值增值以及国家安全与全社会可持续发展的需要。但党委参与治理作为中国国有企业治理模式的创新，在治理实践中，其拥有的权力、参与治理的途径等尚待探索，需要明晰党委会与股东会、董事会、监事会以及高级管理层的关系与权力边界。

4.2.3 党委参与治理的基本内容

嵌入理论认为经济活动不是独立存在的，而是嵌入其所处的关系中，并且受关系情境、嵌入方式以及所处位置的影响。嵌入的本质是经济活动对认知、文化、社会结构和政治制度等情境因素的依存。执政党的领导制度对国有企业内部治理结构与治理机制的安排具有重要影响。在我国制度情境下，党委参与治理既是外部制度的要求，又是强化国有企业党组织的领导地位、加强执政党对国有企业重大决策指导的需要。

中国特色社会主义制度体系包括根本政治制度、基本政治制度、基本经济制度以及社会主义法律体系等。党委参与公司治理是我国根本政治制度和基本经济制度的具体体现。从宪法、党章到具体法律和指导意见等构成的三级法律体系是党委参与公司治理的正式制度体系。

1. 设立党组织的基本要求

2013 年以及 2018 年修订的《公司法》规定，在中国境内设立的国有有限责任公司和股份有限公司，应根据党章的规定，在公司中设立党组织，开展党的活动，公司应当为党组织的活动提供必要条件。

2. 强化党组织的地位

2017 年修订的《中国共产党章程》明确规定："国有企业党委（党组）应发挥领导作用，把方向、管大局、保落实。" 2018

年颁布的新修订的《上市公司治理准则》特别强调国有企业要将党建工作写入公司章程。[一]2019年新修订的《中国共产党党组工作条例》特别强调:"重大经营管理事项必须经党组研究讨论后,再由董事会或者经理层作出决定。"2019年11月中共中央政治局会议审议批准的《中国共产党国有企业基层组织工作条例(试行)》明确指出:国有企业党组织必须高举中国特色社会主义伟大旗帜,以马克思列宁主义、毛泽东思想、邓小平理论、"三个代表"重要思想、科学发展观、习近平新时代中国特色社会主义思想为指导,坚持党的基本理论、基本路线、基本方略,增强"四个意识"、坚定"四个自信"、做到"两个维护",坚持和加强党的全面领导,坚持党要管党、全面从严治党。

3. 党组织的具体职责

(1) 推进企业法治建设,落实依法治国战略;

(2) 承担落实从严管党、治党职责;

(3) 在企业领导人选拔中发挥培养、管理、监督作用;

(4) 履行"反腐倡廉"的主体责任;

(5) 领导国有企业改制。

[一] 2018年新修订的《上市公司治理准则》第五条规定:在上市公司中,根据《公司法》的规定,设立中国共产党的组织,开展党的活动。上市公司应当为党组织的活动提供必要条件。国有控股上市公司根据《公司法》和有关规定,结合企业股权结构、经营管理等实际,把党建工作有关要求写入公司章程。

4. 党组织参与治理的途径

实施双向进入、交叉任职的领导体制。符合条件的党组织领导班子成员可以通过法定程序进入董事会、监事会、经理层；董事会、监事会、经理层成员中符合条件的党员可依有关规定和程序进入企业的党组织；党组（党委）书记、董事长一般由一人担任，推进中央企业党组（党委）专职副书记进入董事会。在董事会选聘经理层成员工作中，上级党组织及其组织部门、国有资产监管机构党委应当发挥确定标准、规范程序、参与考察、推荐人选等作用。要将党建工作纳入国有企业章程，使党组织成为企业法人治理结构的有机组成部分。○

中国诚通党委把加强党建与改革、试点紧密融合在一起，明确"资本到哪里，党的作用就发挥到哪里"。沿着国有企业领导干部管理链条，建立统一归口、责任明晰、有机衔接的党建领导体制，构建了党建工作的主干性、支撑性制度体系，并不断细化完善"管资本"形态下的党建工作规则、流程、措施，实现管资本和管党建相统一。

党委参与治理的主要法律与制度参见表 4-2。

○ 《国务院办公厅关于进一步完善国有企业法人治理结构的指导意见》（国办发〔2017〕36 号）明确指出：要明确党组织在国有企业法人治理结构中的法定地位，将党建工作总体要求纳入国有企业章程，明确党组织在企业决策、执行、监督各环节的权责和工作方式，使党组织成为企业法人治理结构的有机组成部分。要充分发挥党组织的领导核心和政治核心作用，领导企业思想政治工作，支持董事会、监事会、经理层依法履行职责，保证党和国家方针政策的贯彻执行。

表4-2 2013—2020年党委参与治理的主要法律与制度

时间	文件	颁发机构	主要内容
2013.12	《公司法》(2014年实施)中华人民共和国第8号主席令	全国人大常委会	国有公司要根据《中国共产党章程》的规定，设立中国共产党的组织，开展党的活动，公司应为党组织的活动提供必要条件
2015.09	《关于在深化国有企业改革中坚持党的领导 加强党的建设的若干意见》	中共中央办公厅	坚持党的领导，是中国特色社会主义最本质的特征，也是国有企业的独特优势。要把加强党的领导和完善公司治理统一起来，明确国有企业党组织在公司法人治理结构中的法定地位，实现坚持党管干部原则与市场化选聘、建立职业经理人制度相结合
2016.05	《中共中央、国务院关于深化国有企业改革的指导意见》	中共中央国务院	充分发挥国有企业党组织政治核心作用。[一]国有企业党组织要切实承担落实从严管党治党责任，反腐倡廉"两个责任"，加强国有企业领导班子建设和人才队伍建设。党组织书记要切实履行党建工作第一责任人职责

[一] 充分发挥国有企业党组织政治核心作用，创新国有企业党组织发挥政治核心作用的途径和方式。在国有企业改革中坚持党的组织及工作机构同步设置、党组织负责人及党务工作人员同步配备、党的工作同步开展，保证党组织工作机构健全、党组织和党员作用得到有效发挥。坚持和完善双向进入、交叉任职的领导体制，符合条件的党组织领导班子成员可以通过法定程序进入董事会、监事会、经理层，董事会、监事会、经理层成员中符合条件的党员可以依照有关规定和程序进入党组织领导班子；经理层成员与党组织领导班子成员适度交叉任职；董事长、总经理原则上分设，党组织书记、董事长一般由一人担任。

(续)

时间	文件	颁发机构	主要内容
2017.02	《关于中央企业构建"不能腐"体制机制的指导意见》	中纪委驻国资委纪检组	遵循党章、党规、党纪,构建"不能腐"的体制机制。各中央企业党委(党组)、纪委(纪检组)要担负起主体责任和监督责任
2017.03	《中共中央组织部、国务院国资委党委关于扎实推动国有企业党建工作要求写入公司章程的通知》	中共中央组织部、国务院国资委	国有企业要带头将党建工作要求写入公司章程,为党组织开展工作提供制度保障。要将党委参与治理写进公司章程,并明确党组织的设置形式、地位作用、职责权限等,明确党组织参与企业重大问题讨论的运行机制
2017.05	《国务院办公厅关于进一步完善国有企业法人治理结构的指导意见》国办发2017(36)	国务院办公厅	明确国有企业党组织在法人治理结构中的法定地位,发挥国有企业党组织的领导核心和政治核心作用;到2020年,党组织在国有企业法人治理结构中的法定地位更加牢固,充分发挥公司章程在企业治理中的作用
2017.07	《中央企业主要负责人履行推进法治建设第一责任人职责规定》	国务院国资委	中央企业主要负责人履行推进法治建设第一责任人的职责,党委(党组)书记在推进法治建设中应履行主要职责
2017.07	《中央企业公司制改制工作实施方案》	国务院办公厅	中央企业党委(党组)要切实加强对改制工作的组织领导;要坚持两个"一以贯之"形成有效的公司治理机制
2017.10	《中国共产党章程》(2017年修订)	中国共产党全国代表大会	中国共产党的领导是中国特色社会主义最本质的特征,是中国特色社会主义制度的最大优势。要发挥国有企业党委和非公有制经济组织中党的基层组织的作用

(续)

时间	文件	颁发机构	主要内容
2018.03	《中华人民共和国宪法修正案》(2018年修订)	第十三届全国人民代表大会	中国共产党领导是中国特色社会主义最本质的特征；国有经济是国民经济中的主导力量
2018.05	《中央企业领导人员管理规定》	中共中央办公厅、国务院办公厅	坚持党管干部原则，充分发挥党组织在中央企业中的领导作用。坚持和加强党对中央企业的全面领导，完善适应中国特色现代国有企业制度要求和市场竞争需要的选人用人机制，提高中央企业领导人员管理工作质量，打造对党忠诚、勇于创新、治企有方、兴企有为、清正廉洁的高素质专业化中央企业领导人员队伍
2018.09	《上市公司治理准则》(2018年修订)	中国证监会	上市公司应根据《中国共产党章程》的规定，设立中国共产党的组织，开展党的活动。上市公司应为党组织的活动提供必要条件。国有控股上市公司应根据《公司法》和有关规定，结合企业股权结构、经营管理等实际，将党建工作有关要求写入公司章程
2018.10	《中华人民共和国公司法》(2018年修订)	全国人民代表大会常务委员会	在公司中，根据《中国共产党章程》的规定，设立中国共产党的组织，开展党的活动。公司应当为党组织的活动提供必要条件

(续)

时间	文件	颁发机构	主要内容
2019.04	《中国共产党党组工作条例》修订	中共中央	坚决维护党中央权威和集中统一领导,充分发挥把方向、管大局、保落实的重要作用,确保党始终成为中国特色社会主义事业的坚强领导核心。全面落实管党治党政治责任,切实履行领导职责,充分发挥领导作用,不断提高领导水平。国有企业党组书记根据企业内部治理结构形式确定,建立董事会的一般由董事长担任,未建立董事会的一般由总经理担任。国有企业党组讨论和决定重大事项时,应当与《中华人民共和国公司法》《中华人民共和国企业国有资产法》等法律法规相符合,并与公司章程相衔接。重大经营管理事项必须经党组研究讨论后,再由董事会或者经理层做出决定
2019.10	十九届四中全会《中共中央关于坚持和完善中国特色社会主义制度 推进国家治理体系和治理能力现代化若干重大问题的决定》	中国共产党全国代表大会	完善坚定维护党中央权威和集中统一领导的各项制度。推动全党增强"四个意识"、坚定"四个自信"、做到"两个维护"。企事业单位要健全各级党委(党组)工作制度,确保党在各种组织中发挥领导作用。完善党领导各项事业的具体制度,把党的领导落实到统筹推进"五位一体"总体布局、协调推进"四个全面"战略布局的各个方面

(续)

时间	文件	颁发机构	主要内容
2019.12	《中国共产党国有企业基层组织工作条例（试行）》	中共中央	国有企业党委（党组）发挥领导作用必须要在把方向、管大局、保落实的前提下，围绕企业生产经营开展工作，在企业经营管理的具体实践中切实落实好领导作用的四大内涵。一是保证监督作用，即保证监督党和国家的方针政策在本企业的贯彻执行；二是支持作用，一方面要支持股东会、董事会、监事会和经理（厂长）依法行使职权，另一方面要全心全意依靠职工群众、支持职工代表大会开展工作；三是参与作用，即参与企业重大问题的决策；四是主体作用，加强党组织的自身建设，领导思想政治工作、精神文明建设和工会、共青团等群团组织。领导作用的四大内涵密切相连，相互渗透，相辅相成
2020.12.	《关于中央企业党的领导融入公司治理的若干意见（试行）》	中央全面深化改革委员会第十七次会议审议通过	中央企业党委（党组）是党的组织体系的重要组成部分，要发挥把方向、管大局、促落实的领导作用。要完善体制机制，明确党委（党组）在决策、执行、监督各环节的权责和工作方式，正确处理党委（党组）和董事会、经理层等治理主体的关系，坚持权责法定、权责透明、协调运转、有效制衡的公司治理机制，推动制度优势更好地转化为治理效能

资料来源：根据相关资料整理

4.3 国有企业的董事会治理

国家经济的持续发展依赖于公司绩效的不断提升,健全的公司治理制度,是企业落实可持续发展、提高竞争优势的核心要素。经济合作与发展组织(OECD)经济学家耶伦明确指出:一个好的董事会对于公司而言,正是达尔文理论中的那个决定一个物种超出其竞争对手的决定性因素。董事会是企业创造价值的重要决策主体(Kakabadse,2018),是公司治理的核心(李维安,2005)和关键行动者,对公司战略决策与治理绩效具有重大影响(Forbes 和 Milliken,1999;谢永珍,2006)。

合理的董事会结构、有效的董事会决策与监督机制,是确保董事会治理有效性的前提。2003 年,国务院国资委成立,2004 年颁布了《关于国有独资公司董事会建设的指导意见(试行)》,2005 年宝钢集团、神华集团、诚通集团、铁通集团、国旅集团和国药集团先后召开了董事会制度试点工作会议央企董事会制度逐步建立。国有独资企业通过构建以外部董事占多数的董事会,优化董事会的人力资本与社会资本,以增强董事会决策能力和整体功能。中央企业严格进行董事选聘和履职管理,外部董事队伍结构来源更加多元化、专业化。截至 2018 年 8 月,96 家中央企业中,已有 94 家建立董事会,其中 83 家外部董事占多数。同时,90% 的地方国资委监管企业已建立了董事会。

图 4-1 中，股东大会选举董事、监事进入董事会、监事会，职工通过职工代表大会选举职工董事、监事进入董事会与监事会。股东大会是公司的最高权力机构，董事会是公司的经营决策机构，由外部董事（含独立董事）以及内部董事（含执行董事与职工董事）构成；监事会是公司治理的监督机构，由股东监事与职工监事构成。

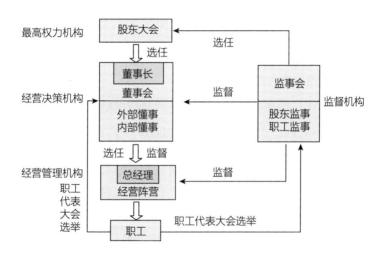

图 4-1 公司治理中的委托代理关系

4.3.1 董事会治理的理论依据

明晰董事会治理的理论，是正确行使董事会职能、确保董事会治理有效性的依据。

1. 委托代理理论

现代企业制度的一个重要特征是所有权与经营权的分离，由此产生了委托代理关系。委托代理理论以经济人假设为前提，探讨以最有效的契约规范委托人和代理人之间的代理关系，降低代理成本。

产生代理成本的重要原因是委托人（所有者）和代理人（经理人）之间的信息不对称。①委托人与代理人之间信息不对称，容易产生逆向选择和道德风险；②委托人与代理人风险偏好不同，导致对风险事件的决策态度差异以及风险分担问题。委托代理理论认为，在股权分散以及所有者缺位的状态下，拥有公司控制权的管理层可能以牺牲股东利益为代价，以获取其自身效用的最大化，从而做出有悖于股东价值最大化的决策。为保护股东和公司利益、制约经理人的自利行为，作为委托人的股东须建立有效的控制机制，以监督经理人员行为。国有企业由于所有权与经营权的分离产生了多种形式的委托代理关系，其中最重要的是股东与董事会，以及董事会与高管层的代理关系。董事会具有委托人、代理人的双重角色，一方面受股东委托，负有保护股东财产的责任；另一方面，董事会需要委托经理层执行战略决策，负有对管理层的选聘、监督等责任。

中国国有企业治理中的委托代理关系很复杂，存在国务院—国资委—国有资本投资公司、国有资本运营公司—董事会—经营层的多级代理，且政府在国有企业的多层委托代理关系中具有特殊的地位。同时，在国有企业集团内部不同层级的母子公司间也存在多层委托代理关系。国有企业的所有者缺位，无法形成股东与经理之间的有效代理关系。为了有效缓解国有产权主体缺位导致的公司治理风险，近年来，国务院国资委持续进行国有企业的混合所有制改革，旨在通过引入非公资本，强化董事会决策与监督的有效性，提高国有企业的活力与竞争力。

2. 社会资本理论

布迪厄（Bourdieu，1986）将社会资本视为"实际或潜在的资源的集合体，与拥有制度化的共同熟识和认可的关系网络有关"。布迪厄认为社会资本的核心是"联系"，由两部分组成：一是社会关系本身，它可以使社会中的个体获得群体所拥有的资源；二是所拥有的这些资源的数量和质量。社会资本源于个体间的联系，个体不断增加的收益是通过参与群体活动获得的，同时为了获得和创造资源，个体必须对社会能力进行策划与构建。科尔曼（Coleman，1988）、伯特（Burt，1997）将社会资本视为代表行为主体通过加入社会网络或其他社会结构而获得利益的能力（Portes，1998）。纳比特和戈沙尔（Nahapiet 和 Ghoshal，1998）将社会资本定义为"个人或组织所拥有的关系网络中嵌入的、可利用的和衍生的资源的总和，包括网络和可通过网络流动的资产"。

社会资本能够帮助个体或组织获得知识和信息特权、新业务机会、声誉、影响力和加强对网络规范的理解。作为一种公共物品，社会资本不仅能够使创造它的人受益，而且可以使群体成员受益（Kostova 和 Roth，2003）。个人、组织等社会单元可利用其嵌入的社会网络关系获取稀缺资源，实现自身发展。边燕杰与丘海雄（2000）认为企业通过纵向联系（企业与上级领导机关、当地政府部门以及下属企业部门的联系）、横向联系（即企业与其他企业的联系）和社会联系（即企业除纵向、横向联系之外的其他社会联系）获取稀缺资源，是企业配置资源的关键能力。企业的社会资本主要通过资源通道机制、约束机制、惩罚机制、信息披露机制以及高层决策机制等五种机制嵌入公司治理中。特别是在法律机制以及市场机制不够健全的情况下，社会资本能够弥补外部治理机制的缺陷。

董事会社会资本是"董事会成员所拥有的企业内、外部关系以及由这些关系所带来的实际和潜在资源的总和，它可以衡量董事会为企业提供资源的能力"（Hillman 和 Dalziel，2003）。依据存在边界和功能，董事会社会资本分为内部社会资本和外部社会资本，内部社会资本是指全体董事之间以及董事会与管理层之间通过相互了解所建立起来的社会资本（Fischer 和 Pollock，2004）；外部社会资本则指董事会成员通过在行业内任职，与行业内其他利益相关者建立起来的良好关系所形成的社会资本（Mizruchi 和 Stearns，1994）。海恩斯等人（Haynes 和 Hillman，2010）提出了从董事会社会资本宽度和董事会社会资本深度两个维度衡量董事会社会资本，其中社会资本宽度体现为董事会成员的差异性，即各成员的职业背景差异和兼职情况的多样性；社会资本深度体现为董事会成员对本行业以及其他行业的涉入情况。董事会社会资本有助于董事会决策与资源效能的发挥,但也可能给企业带来消极影响,如紧密的政治关联可能因政治权力变化而给企业带来高度不确定甚至是十分不利的影响。

3. 高阶梯队理论

决策过程受决策者自身的知觉、价值观和知识的影响(Child,1972),汉姆布瑞克对团队成员的人口统计学特征及其对组织的影响进行了系统的研究,汉姆布瑞克等人(Hambrick 和 Mason,1984)提出的"高阶梯队理论"认为:高层管理团队的人口统计特征,如年龄、性别、受教育程度、工作背景等,能够反映高管的认知、价值观等心理特征以及团队运作过程,并进一步影响组织战略选择与绩效。汉姆布瑞克(Hambrick,1994)提出了影响高层管理团队运营的四种主要因素,包括构成、结构、激励和过程,并构建了包含输入项(环境、离心力和向心力以及构成和激励要素)、过程项(结构、过程要素以及它们的环境)和产出项(组织绩效)的系统分析框架。汉姆布瑞克等人(Hambrick 和 Finkelsteins,1996)提出了可辨别的高层管理团队的三个核心要素即组成、过程与结构,其中团队组成与结构主要是指人口统计特征,如年龄、学历、专业、职业经历及异质性水平等;团队运作过程则包括团队成员之间的协调、沟通、冲突处理、领导和激励等行为,是高层管理团队的人口统计特征与组织绩效之间的一个互动中介过程,高管的价值观和认知等心理层面特质对其信息处理与战略决策具有显著影响。图4-2表明,一方面,特定的环境与高管团队的特性相结合导致一定的战略选择;另一方面,环境、高管团队的特征和战略选择相互影响,又决定着组织绩效的水平。董事会成员的年龄、职能轨迹、其他职业经历、正规教育、社会经济背景、财务状况、团队异质性等影响着高管团队的决策与价值创造能力。

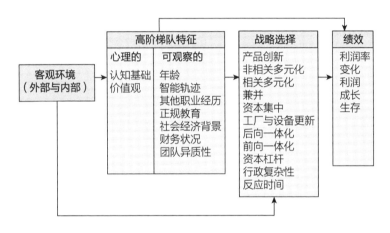

图4-2　高阶梯队理论模型（Hambrick和Mason,1984）

卡朋特等人（Carpenter等,2004）修正了汉姆布瑞克等人的模型,将人口统计特征替换为影响高层管理团队运作效率的技能、认知和行为倾向等构想,将权力、团队过程等加入过程链中,并加入了董事会因素。卡朋特等人首次将高层管理团队的前置影响因素和组织绩效作为一个相互影响的循环过程,真实地反映了高管团队的运作情况。

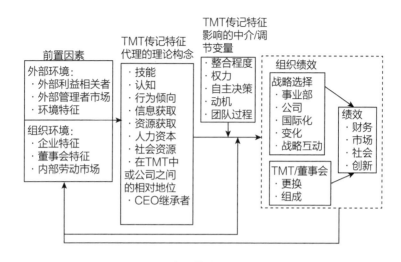

图4-3 高层梯队理论修正模型
(Carpenter, Geletkanycz 和 Sanders, 2004)

资料来源:程贯平,刘海山.高层管理团队理论模型的发展[J].现代管理科学,2009(03).

随着我国经济体制改革以及市场环境快速变化,国有企业领导者的管理自主权增加,国企领导者对战略决策的作用愈发重要。战略决策成为董事会的核心职能,董事会成员的人口统计学特征、成员结构、专业知识、所有权权力以及威望等均影响着团队的战略决策与监督效能。高层梯队理论为董事会团队结构的安排、董事会的权力配置等提供了理论借鉴。

4. 利益相关者理论

瑞安曼(Rhenman,1964)指出利益相关者是所有与企业相互依存的主体,随后安索夫(Ansoff,1965)提出企业要权衡股东、管理者、员工、供应商和分销商等利益相关者之间互相矛盾的索取权，制定合理的企业目标。哈佛商学院学者杜德强调公司董事会必须成为真正的受托人，不但要代表股东利益，也要代表其他利益主体，特别是社会整体的利益。弗里曼（Freeman, 1984）明确"利益相关者是指那些能影响企业目标的实现或被企业目标的实现所影响的个人或群体"，由拥有所有权的利益相关者、有经济依赖性的利益相关者（包括经理人员、员工、债权人、供应商、消费者、竞争者、地方社区等）以及社会利益上与公司有关系的政府、媒体等构成。各个利益相关者应主动参与公司治理，享有和股东等同的权力（Freeman, 1988）。谢永珍（2003）将公司视为由利益相关者协同作用的一个系统，公司治理的目的应是相关者价值的最大化。

利益相关者理论将企业视为资源的集合体，不同的参与者为企业提供所需的某种要素，其地位由其重要性和稀缺性决定。在工业社会，资本被视为最为重要的稀缺资源，并因此形成股东至上主义；在知识经济时代，企业内部的权力关系向知识拥有者倾斜，经营者以及员工成为重要的价值创造主体。基于利益相关者理论，董事会不仅仅是代表股东并且是代表利益相关方利益的团队。股东与经营层、经营层与员工、公司与消费者以及供货商之间，甚至股东之间常常存在利益冲突。将各利益相关者纳入组织决策框架，是伦理要求，这些利益相关者也是企业的战略资源（Plaza – Ubeda 等, 2010）。基于利益相关者理论，董事应由代表不同利益的团体产生,除了大股东董事之外,还应该包括代表小股东的独立董事、代表职工利益的职工董事等。同时,董事会须协调各利益相关方的关系,为公司业务的开展创造良好的环境。

4.3.2 国有企业董事会的职能

明确的董事会角色定位是董事会治理有效性的前提。董事会角色决定了董事会应履行的职责、关键成功因素及其应达成的结果。最初的公司治理要解决的主要问题是股权分散条件下因信息不对称而导致的经理对股东的代理风险,董事会被视为解决代理问题的机制(Fama 和 Jensen,1983)。随着公司治理的发展,尤其是进入 21 世纪以来,董事会治理的角色呈现多元化特征,除了监督经理以降低代理风险以外,还应就战略事项与 CEO 以及高层管理者沟通,并为公司获取关键资源提供支持,使董事会成为有效的价值创造团队。基于法律视角,董事会被视为负责评价和批准管理层决策的机构,如雇用和解雇 CEO、评价 CEO 业绩、评价及监督重大决策等,战略决策的制定并非被视为董事会的职能范围;基于委托代理理论,董事会被视为负有控制高管行为以确保股东价值最大化责任的独立团队,监督与评价 CEO、确定高管薪酬、批准战略决策以及监督战略的执行是董事会的职能;基于管家理论,董事会的主要角色是支持 CEO 决策并提供建议和咨询。不同的理论对董事会治理的职能给予了不同的界定,英美模式将董事会的主要职能界定为监督与评价 CEO、批准与监督战略的执行等监督行为等,极大限制了董事会作用的发挥。实际上在公司治理实践中,董事会应将其知识与能力运用于公司政策的制定,为高管执行战略提供必要的资源支持,为公司提供战略咨询以及风险控制等。多元化职能确立了董事会的商业大脑地位,并使其成为决定公司差异化竞争优势的关键。2017 年,《国务院办公厅关于进一步完善国有企业法人治理结构的指导意见》(国办发〔2017〕36 号)明确指出,董事会是公司的决策机构,要对股东会负责,执行股东会决定,依照法定程序和公司章程授权决定公司重大事项。文件要求,董事会要"认真履行决策把关、内部管理、防范风险、深化改革等职责。国有独资公司要依法落实和维护董事会行使重大决策、选人用人、薪酬分配等权利,增强董事会的独立性和权威性,落实董事会年度工作报告制度;董事会应与党组织充分沟通,有序开展国有独资公司董事会选聘经理层试点,加强对经理层的管理和监督"。

情景嵌入理论认为,任何事物均依赖于环境而存在,各国的政治、经济、社会、文化等治理情景的差异,制约着治理模式的选择。我国企业董事会核心职能不同于英美模式下的监督而是战略决策。董事会不仅审核与批准决策,而且是重要的战略参与主体(Zahra 和 Pearce,1989),其战略参与是决定治理有效性的关键(Hambrick 等,2008;Kiranmai 等,2019)。在委托代理机制下,董事会必须履行其作为股东利益的代表监督高管人员的职责。董事会治理不应仅满足达到合规性的要求,更重要的是提升其治理的有效性。董事会应履行以下五项职能。

（1）选聘与监督总经理。董事会履行聘任和解聘经理人员的职责，监督管理人员的业绩，处理股东在关联交易、资产处置等方面的潜在利益冲突，确定管理人员的薪酬以及对管理人员进行监督等。除了对董事以及总经理的监督之外，董事会还应该对公司的内部控制和风险管理负责。由于董事只是股东的委托人，可能存在董事偷懒或与经理合谋损害股东利益的问题，为了强化董事会的监督职能，避免董事与总经理的合谋，须强化对董事的监督。

（2）审议、确定公司发展战略规划。董事会是公司的最高决策机构，应负责审议和制定公司发展战略，并适时进行战略评价和分析，以保证公司发展的永续性。董事会确定发展战略应围绕以下内容展开：①与竞争对手相比，公司的核心竞争力何在？这一竞争优势是建立在什么因素（技术、低成本、杰出的品牌等）之上而形成的？②公司将如何发展和扩张，是否要进入新的行业或新的区域（优势、劣势在哪里）？③公司的目标是什么（发展、顾客还是利润）？④怎样的规模、增长以及风险和收益是最优的？

（3）关注公司的社会责任。公司社会责任是快速发展而备受争议的话题，关注社会责任可能会导致短期内公司业绩下降或股东利益受损，在自由市场中，若没有法律或者制度的约束，董事会尤其是以内部董事为主的董事会常常会为了股东的利益而采取一切手段追求利润最大化。基于公司可持续发展视角，社会责任应该列入董事会的职责范围，董事会应通过其决策与监督行为，关注企业在商业道德、改善环境、维护顾客、员工利益、提升企业形象等方面的做法，以免因社会责任问题给企业带来声誉损失甚至导致长期低迷。为了促使董事会关注社会责任，应强化董事会的社会责任委员会的建设。

（4）负责向以股东为主的公司利害相关者披露信息的说明责任。对股东负责是董事会最重要的职能之一。一般来说，对股东负责是通过年中、年末报告来体现的，董事会应通过设计委员会确保公司披露的财务报告的完整性与真实性，以帮助投资者了解企业生产经营的状况。

（5）关注学习与沟通。董事的知识与能力是董事会成败的关键。董事知识与经验不足，将导致董事会治理效率的低下甚至失败。由于新知识的不断出现，董事需要通过学习，获得新的知识与经验。为此，董事会应关注于学习与沟通能力的培训，并将其作为董事会评估或董事评估的主要内容。另外，为了维护利益相关者的利益，董事会应该与公司利益相关者建立沟通机制，实施利益相关者关系管理，为公司成功获取关键资源。

4.3.3 国有企业董事会的决策机制

科学的决策机制是防止公司战略出现重大错误的关键，董事会是战略决策的主体，并负有对管理层执行战略决策实施监督的责任。

在股东大会闭会期间，董事会是公司的最高决策机构，要对股东会职权以外的公司重大事项进行决策。领导权结构两权分离的强化，使企业逐步由"股东会中心主义"向"董事会中心主义"转换。在股份公司特别是规模巨大、股东众多、股权分散的公司，董事会的决策职能越来越重要。董事会在履行战略决策职能时必须：首先，依据公司的使命、愿景以及价值观进行决策；其次，董事会的决策大部分为非程序性的决策，主要关注战略类型选择、商业模式选择、并购决策、创新决策以及组织结构安排等有关战略事项的决策，董事会成员要具备战略决策需要的知识与信息。

董事会的决策权具体体现为：制定公司的经营目标、重大方针和管理原则；挑选、聘任和监督经理人员，并决定经理人员的报酬与奖惩；提出盈利分配方案供股东大会审议等。董事会决策按照一人一票方式进行群体决策，董事需要对自己的投票承担责任。董事会的决议违反法律、行政法规或者公司章程、股东大会决议，致使公司遭受严重损失的，参与决议的董事承担赔偿责任；对经证明在表决时曾表明异议并记载于会议记录的，该董事可以免除责任；对在讨论中明确提出异议但在表决中未明确投反对票的董事，不得免除责任。

我国国有企业混合所有制改革的核心是形成有效的董事会。多样化的董事会具有更强的履职能力（Srinivasan，2019），有助于战略参与及价值创造。合理的董事会权力配置是国有企业董事会战略决策有效性的前提。为了确保董事会的战略引领力，国有企业董事会应关注以下几点。

（1）价值创造的治理文化。价值创造而非短期利润应成为衡量国有企业治理有效性的标准。董事会的决策过程受以文化为核心的情景因素的制约（Johnson 等，2013）。董事会杰出与否取决于其治理文化（Sonnenfeld，2002），①董事会效率从根本上是由董事素质以及文化等软的因素决定的（Edwards 和 Clough，2005），坦白的文化氛围、信任和相互尊敬环境中的建设性对话是有效董事会的标志（Higgs，2003）。董事会不应被视为利益博弈的场所，而是基于合作与信任的决策团队。和谐董事会文化的构建，将会使董事会成员采取坦诚的沟通、积极的辩论等方式，以增进董事会的知识，从而对公司战略制定进行富有成效的讨论（Bailey 和 Peck，2013）。②

（2）富有专业能力的董事会团队。这不仅仅取决于董事会规模，更重要的是董事会团队的结构。董事会规模与行业、公司规模、治理成本、公司兼并、外部压力、董事会资本等因素有关。既定董事会规模下，董事会治理的有效性依赖于团队结构的合理

---

① 索南菲尔德在比较 2001 年《财富》杂志评选出的"最受瞩目"和"最不受瞩目"公司在治理实践方面的差异时，发现这些公司在独立董事的比例、审计委员会成员的会计知识以及股票占整个董事薪酬比例上的差异很小，由此，他认为董事会杰出与否主要取决于董事会文化。

② 二人进一步指出，在以政治行为为主要决策风格的竞争型董事会中，董事之间的不同派别或董事会与高管团队之间往往存在强烈的情感冲突，行为过程主要表现为"幕后联盟""离线游说""隐瞒信息""控制会议议程"等。

性。为了实现董事会内部横向资源的互补,以便拥有更充分的经验以及知识等为经理层提供战略支持,董事会应由各领域经验丰富的人组成,以便有能力为董事会决策提供更多的知识、信息与经验的支持,更有效地审视商业环境并做出专业判断,使董事会决策职能得以有效发挥。国有企业要建立完善外部董事选聘和管理制度,严格资格认定和考试考察程序,拓宽外部董事来源渠道,扩大专职外部董事队伍,选聘一批现职国有企业负责人转任专职外部董事,定期报告外部董事履职情况。

(3)充分的公司战略介入。董事会在满足合规性要求的基础上,应高度关注公司的战略选择,如预测行业发展趋势、关注产业发展方向、洞察公司外部环境(如消费者需求、信息技术、全球政治格局、经济社会发展等因素)的变化对企业的影响等。董事会有效介入公司战略制定并提供战略执行的资源支持应做到以下几点:①合理分配时间,将更多的精力致力于解决公司的前瞻性问题;②介入战略的制定过程,而不仅仅是批准管理层已经制定的战略;③提高董事会的专业化水平,完善董事对公司核心业务、公司战略、财务以及运营等方面的知识;④强化与首席执行官、首席财务官以及首席运营官的接触,让管理层参与公司长期战略的讨论;⑤成立战略委员会,并由董事长或者CEO担任战略委员会的召集人,以保证董事会能够定期对公司战略进行富有成效的讨论;⑥在决策过程中营造建设性冲突氛围,以克服董事会成员的个体认知偏差,提高董事会评估信息的能力,促进董事基于批判式思维进行对话；⑦利用董事社会关系网络为 CEO 执行战略提供资源支持。

（4）完善的董事会治理信息系统。董事会决策过程实际上是在占有及时、准确信息基础上，经过对多种多方案的讨论，最终确定相对满意方案的过程，高质量的信息是董事会有效治理的关键因素。董事会治理信息系统的采用既有助于降低治理成本，又有助于提升董事会的治理效率。为了强化信息的共享，降低信息不对称的程度，上市公司应建立董事会的决策与监督信息支持系统：①及时、全面的行业信息，包括行业发展前景与竞争状况等，以使董事与高管能够方便而快速地获取对公司前瞻性问题思考所需的信息；②及时、完整的企业财务、运营、人力资源等信息，以确保董事以及高管人员对公司战略事项与风险控制等信息有及时充分的把握；③主要绩效指标的行业信息，以便于董事会对公司的健康状况做出准确的判断，明确公司所处的风险程度；④董事会会议相关信息，包括会议议题、会议备忘录、会议召开时间、地点等，以便使董事清楚会议内容，并做好相关准备，访问权的设置可以确保以上相关信息只是在董事会成员以及高管人员之间分享；⑤有关董事会治理的法律、法规、制度等信息，以便使董事明了合规性的要求，确保其治理行为的合规性。

（5）有效的董事会过程控制。董事会是一个战略行动小组，董事会会议是一项富有挑战性有与创造性的工作，有效的董事会会议过程应该具备以下特征：①明确的会议宗旨。董事会的目的应该体现为：评估战略行动方案并达成一致；确定实施行动的准则与获取战略性资源；确保公司的各项活动符合法律、法规以及制度的要求；确保员工的安全与健康等。②合理的会议次数与持续时间。董事会会议次数应根据公司规模、业务复杂性、行业竞争程度、公司面临的问题等因素权变而定。③充分的会议准备。董事会召开之前，应该做好会议文件资料的准备工作。主要包括会议议程表、财务会计资料、具体议题内容的相关资料等。应规定每个事项的具体讨论时长，以确保董事会能够对关键事项进行充分的讨论。④分类管理会议资料。将会议资料进行适当的分类，并在开会之前交由董事，以提高会议效率。⑤规范董事会会议的召集与主持，主持人应思路清晰、开诚布公并保持高度的敏锐感。⑥会后及时沟通，会议召集人要与参会董事进行会后沟通，以获得他们对于会议议题的真实想法。⑦完善的会议记录，董事会会议的原始记录，是明确董事责任的重要文件，全体参会董事应就会议事项签名确认。㊀

㊀ 《国务院办公厅关于进一步完善国有企业法人治理结构的指导意见》（国办发〔2017〕36号）规定：董事会要严格实行集体审议、独立表决、个人负责的决策制度，平等充分发表意见，一人一票表决，建立规范透明的重大事项信息公开和对外披露制度，保障董事会会议记录和提案资料的完整性，建立董事会决议跟踪落实以及后评估制度，做好与其他治理主体的联系沟通。董事会应当设立提名委员会、薪酬与考核委员会、审计委员会等专门委员会，为董事会决策提供咨询，其中薪酬与考核委员会、审计委员会应由外部董事组成。改进董事会和董事评价办法，完善年度和任期考核制度，逐步形成符合企业特点的考核评价体系及激励机制。

4.3.4 国有企业董事会的监督机制

董事会接受股东大会的委托,在股东大会休会期间,对公司经理高管进行控制和监督。董事会作为监督经理人行为的一种控制机制,对于降低代理成本、确保国有资产的保值增值至关重要。在国有企业中,由于多层委托代理链以及国有股所有者的缺位,公司的经营权由职业经理人掌管。所有权与控制权的分离,从而带来代理问题。尤其在一些规模较大、业务比较复杂的企业中,两权分离给公司高级管理人员带来巨大利益空间,他们可通过增加管理成本的方式为自己谋利,也可通过无效投资构建商业帝国,扩大其控制力。

董事会的监督是针对经营者的经营行为与结果等所进行的客观与及时的审核、监察与督导的行为,主要通过独立董事以及相应的审计委员会、提名委员会以及报酬委员会等予以实现。

(1) 审计委员会。审计委员会是最重要的董事会专业委员会,最早由美国证券交易委员会(SEC)在1938年提议建立。审计委员会的主要职责是提高公司财务信息的诚信度。美国证券交易委员会在《萨班斯法案》中进一步强化审计委员会的职能,要求公众公司必须建立审计委员会,审计委员会的职能:①从管理层之外的来源获得公司信息;②在外部审计和管理层之间构成隔离带;③从外部获得财务咨询,增加审计委员会的权力和责任,包括聘请及解聘独立审计师的权力、聘用独立财务顾问、批准公司与独立审计师的重要非审计性的业务关系。同时进一步强化审计委员会的独立性,其成员必须全部由"独立董事"组成,审计委员会的成员必须是不受控股股东或者管理层影响的"非关联人士"。除了董事津贴、审计委员津贴之外,不从公司领取其他酬金。我国《上市公司治理准则》规定的审计委员会的主要职责是:①提议聘请或更换外部审计机构;②监督公司的内部审计制度及其实施;③负责内部审计与外部审计之间的沟通;④审核公司的财务信息及其披露;⑤审查公司的内控制度。与英美相比,我国上市公司审计委员会的独立性较低。

(2) 提名委员会。提名委员会是各国监管机构要求以及上市公司普遍设立的专业委员会,目的是确保董事提名不被执行董事所控制以及董事会成员构成的合理性。通常提名委员会主要由独立董事构成,负责筛选和提名新董事,以限制握有主导权的董事(如董事长、CEO)根据自己的个人偏好选拔新董事。我国《公司治理准则》规定上市公司提名委员会的主要职责是:①研究董事、经理人员的选择标准和程序并提出建议;②广泛搜寻合格的董事和经理人员的人选;③对董事候选人和经理人选进行审查并提出建议。

(3) 报酬委员会。报酬委员会产生的根本原因在于执行董事尤其是经理们的报酬制定主体的不合理性,因而独立于 CEO 的报酬委员会的存在是必要的。在英国,1992 年《卡德伯利报告》中的《示范行为准则》明确提出,公司管理人员的报酬应该由独立董事组成的报酬委员会决定。我国《上市公司治理准则》规定薪酬与考核委员会的主要职责：①研究董事与经理人员考核的标准、业绩考核并提出建议；②研究和审查董事、高级管理人员的薪酬政策与方案。

董事会对经理人员的监督主要表现在聘任和解雇经理人员，主要通过以下途径实施：第一，挑选、定期评估、在需要时更换总经理（或首席执行官）；第二，决定经理的报酬，评价权力交接计划；第三，建立科学、公正、合理的人才选聘机制，为公司选择称职的高级管理人员；第四，评价经理人的工作状况，并建立相应的奖励与惩罚机制。

除了强化审计委员会、报酬委员会以及提名委员会的运作之外，国有企业董事会还应该强化对CEO的选聘与激励约束制度的建设。CEO是连接公司治理与管理的纽带，也是董事会经营决策是否能够有效执行的关键。根据社会政治理论，CEO的能力及行为与其权力基础有关。既有研究表明，内部选拔CEO的平均收益率远高于外部招聘，原因在于内部选拔的CEO更熟悉企业的环境，更容易获得股东、董事、高管、员工以及其他企业外部利益相关者的支持。业绩评价是CEO解聘与薪酬水平的主要依据，CEO业绩考核应全面考虑其在价值创造、董事会决议的执行、团队合作以及对利益相关者利益的维护等方面的状况，并将其作为确定薪酬水平的依据。薪酬信息披露是CEO更替的重要约束机制，为了强化董事会对CEO的约束，应借鉴国外公司治理经验，强化 CEO 的选聘与变更、薪酬水平、薪酬结构、薪酬依据、薪酬决策程序、薪酬标杆、薪酬计划方案、薪酬政策等方面的信息披露。

4.4 案例：中国神华的公司治理

1. 中国神华的历史演进

中国神华能源股份有限公司（以下简称中国神华）是由原神华集团公司独家发起设立的股份有限公司，成立于2004年11月8日。中国神华H股和A股股票分别于2005年6月15日以及2007年10月9日在香港联交所和上海证交所上市。目前国家能源投资集团有限责任公司是中国神华的第一大股东，持股比例为69.45%。

目前，中国神华（601088）是国家能源集团唯一一家A+H股上市公司，是全球领先的以煤炭为基础的综合能源上市公司。截至2019年12月31日，公司资产规模5570亿元，有38家二级企业（其中全资21家，控股17家），职工总数7.5万人，总市值为503亿美元（约合人民币3504亿元）。在普氏能源资讯公布的"全球能源公司2020年250强"榜单中，中国神华位居第10位，在中国企业中排第2位。

中国神华是国家能源集团一体化运营的核心力量。公司主要经营煤炭、电力、铁路、港口、航运、煤化工六大板块业务，以煤炭采掘业务为起点，利用自有运输和销售网络，以及下游电力和煤化工产业，推进跨行业、跨产业的纵向一体化发展模式，提高产业集中度，增加产品附加值，形成了规模优势，构成了中国神华的核心竞争力。自 2015 年年底到 2020 年第三季度为止，中国神华的净资产收益率远远高于能源行业上市公司的平均水平。

2. 中国神华的股权结构

中国神华已发行总股本包括内资股和外资股两部分。截至 2019 年 9 月 30 日，中国神华发行总股本 1988962.0455 万股，其中已上市流通内资股为 1649103.7955 万股，占已发行总股本的 82.91%；已上市流通外资股为 339858.25 万股，占已发行总股本的 17.09%。外资股大部分由香港中央结算（代理人）有限公司持有，占已发行总股本的 17.04%。内资股则由国家能源投资集团有限责任公司和其他内资股东持有。截至 2020 年 9 月 30 日，公司前五大股东持股比例如图 4-3 所示。

从中国神华股份有限责任公司成立以来，第一大股东国家能源投资集团有限责任公司一直处于控股地位，持股比例一直保持在 70% 左右。国务院国资委持有国家能源集团（2020 年 12 月 31 日）100% 股份，因此国资委是中国神华的实际控制人，中国神华是典型的国有控股企业。截至 2020 年 9 月 30 日，中国神华第二和第九大股东实际上是代理持有香港投资者所拥有的股票，其持股比例代表所有 H 股股东持股比例，为 17.04%。中国神华十大股东中仅有三大股东持股比例大于 1%，其余六大股东持股额均非常少且极为分散,与第一大股东神华集团相距甚远。

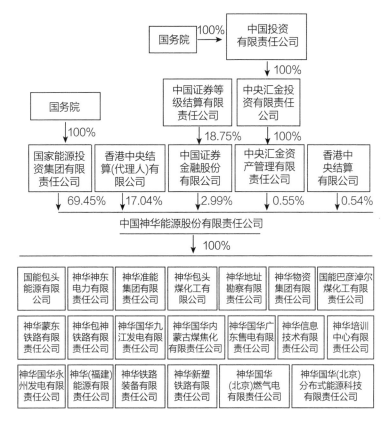

图4-4 中国神华能源股份有限公司股权结构及控股公司

图4-4显示,国务院作为中国神华能源股份有限责任公司的实际控制人,通过国家能源集团有限责任公司以及中央汇金资产管理有限责任公司合计持有70%的股份,拥有对中国神华的绝对控制权。其上市公司第一大股东国家能源投资集团有限责任公司与第二至第五大股东持股比例和之比为3.29:1。

图 4-3 还呈现了中国神华 100% 控股的公司的状况，这些公司的业务主要涉及能源、发电、售电、煤化、地质勘探、物资、铁路、信息、培训、科技等领域。

3. 中国神华的董事会治理

自成立伊始，中国神华就高度重视公司治理，加强董事会建设，致力于打造卓越董事会，在 A 股和 H 股市场均受到投资者高度认可。近年来，中国神华董事会以建设世界一流能源上市公司为目标，坚持稳中求进，坚持新发展理念，有效克服经济下行、市场下滑、价格下降的压力，生产经营稳中有进，改革发展有序推进，公司治理持续改善，董事会建设取得积极进展，公司发展取得显著成效。2019 年，公司总资产 5584.84 亿元，实现净利润 432.50 亿元，基本每股收益 2.174 元，资产负债率 25.6%，派发 2019 年度末期股息 1.26 元/股。

中国神华严格按照上市两地的上市规则、管治政策规定，建立了规范的企业管治制度，全面遵守各项原则、守则条文，执行的标准严于两地监管规则要求。

中国神华董事会先后历经五个届次。其中，第一届董事会任期为 2004 年至 2010 年，第二届董事会任期为 2010 年至 2014 年，第三届董事会任期为 2014 年至 2017 年，第四届董事会任期为 2017 年至 2020 年。2020 年 5 月 29 日，中国神华 2019 年度股东周年大会选举产生了第五届董事会。截至 2020 年 12 月 31 日，第五届董事会共 8 名董事，国家能源集团董事长兼任公司董事长，有 3 名执行董事、1 名非执行董事、3 名独立非执行董事（简称"独立董事"）以及 1 名职工董事。董事来源于境内外的不同行业，成员构成具有多元化的特征，每位董事的知识结构和专业领域于董事会整体结构中，既具有专业性又互为补充，有益于保障董事会决策的科学性。公司董事会下设战略委员会、审计委员会、薪酬委员会、提名委员会和安全、健康及环保委员会五个专门委员会。其中，审计委员会全部由独立董事组成，薪酬委员会、提名委员会也由独立董事担任主席，保持相对的独立性。同时，定期召开独立董事委员会会议。

中国神华建立了完善的公司治理制度体系，相关制度包括：公司章程，股东大会议事规则，董事会议事规则，监事会议事规则，战略委员会、审计委员会等 5 个专门委员会工作规则，独立董事制度，董事会秘书工作细则等，有力保证了董事会的规范运行。

中国神华董事会同时按照 A 股、H 股监管规则已运行十多年，形成了一套依法合规、严谨高效、运转顺畅的机制。公司董事会及下设的五个专门委员会规范运作，有效决策，尊重并接受独立董事提出的各项意见和建议，董事会运作规范、高效、合规。各次会议的召集、召开、审议、表决程序、会议资料，均经过境内、境外律师审核，均符合《公司章程》《董事会议事规则》和各专门委员会议事规则的规定。

4. 中国神华的监事会治理

根据《中华人民共和国公司法》《公司章程》等有关规定，中国神华监事会始终本着对全体股东认真负责的精神，忠实履行监督职责，积极有效地开展工作，努力维护公司及股东的合法权益。截至 2020 年 12 月 31 日，中国神华第五届监事会共 3 名监事，其中 1 名股东监事由国家能源集团直接派出，1 名为职工代表监事。

中国神华监事会主要通过以下方式，实现对公司财务以及董事、管理层执行公司职务的行为的监督。第一，对财务报告定期进行核对，对董事会编制定期报告的程序及其规范性进行审核；第二，通过列席董事会会议和总经理办公会议，实现对会议决议事项的实时监督；第三，每年定期召开监事会会议，审议相关的议案，并关注重要专题问题的汇报；第四，对公司依法运作、关联交易、收购及出售重大资产、内部控制、内幕信息知情人管理等情况进行监督，发表独立意见。

5. 中国神华的党委参与治理

中国神华能源股份有限公司于 2020 年 5 月 29 日举行的 2019 年年度股东大会批准修订通过的《公司章程》对党委参与治理作了明确的规定。《章程》第一百四十六条规定："公司设立党委，党委由七至九名委员组成。其中，设党委书记一名，党委副书记一至两名。符合条件的党委委员可以通过法定程序进入董事会、监事会或成为高级管理人员，董事会、监事会、高级管理人员中符合条件的党员可以依照有关规定和程序进入党委。同时，按规定设立纪委，设纪委书记一名。"

《公司章程》第一百四十七条规定："公司党委根据《中国共产党章程》及其他党内法规履行职责：①保证监督党和国家方针政策在公司的贯彻执行，落实党中央、国务院重大战略决策和国务院国资委党委、国家能源集团党组以及上级党组织有关重要工作部署；②坚持党管干部原则与董事会依法选择经营管理者以及经营管理者依法行使用人权相结合。党委对董事会或总经理提名的人选进行酝酿并提出意见建议，或者向董事会、总经理推荐提名人选；会同董事会对拟任人选进行考察，集体研究提出意见建议；③研究讨论公司改革发展稳定、重大经营管理事项和涉及职工切身利益的重大问题，并提出意见建议；④承担全面从严治党主体责任。领导公司思想政治工作、统战工作、精神文明建设、企业文化建设，以及工会、共青团等群团工作。领导党风廉政建设，支持纪委切实履行监督责任。"

案例思考：

1）中国神华的公司治理呈现出怎样的特征？

2）中国神华的公司治理对企业的发展具有怎样的影响？

第 5 章

国有企业领导干部治企实现路径之四：领导赋能

国有企业是中国特色社会主义的重要物质基础和政治基础，是党执政兴国的重要支柱。国有企业领导班子是组织创新的引领者、企业战略的设计者、组织运营的实施者。为了迎接第四次科技革命的挑战与响应国家高质量发展的战略，能源集团领导干部制定了建设具有全球竞争力的世界一流能源集团的目标，打造创新型、引领型与价值型企业，推进清洁化、一体化、精细化、智慧化与国际化，实现安全一流、质量一流、效益一流、技术一流、人才一流、品牌一流以及党建一流的战略目标。领导干部的思维，从根本上决定了战略目标的实施效果。

本章将从国有企业领导干部治企的量子思维、战略领导力、领导效能等维度，论述新时代国有企业领导干部的思维变革、战略领导力的培育以及领导效能的改善途径等。旨在引导国有企业领导干部通过创新领导思维，提升战略领导力水平与改善领导效能，引领国有企业实现创新驱动的高质量发展。

5.1 国有企业领导干部治企的理念与量子思维变革

"量子"概念来源于拉丁语"quantus",意思是"多少",指一个不变的固定量,在量子力学中特指一个不可再分的基本的能量单位,具有跃迁性、不连续等基本属性。基于量子新科学视角的组织不再是有形物质要素组成的理性的、机械的、可控制的组织,而是由量子个体组成的以关系为基础的潜能集合,是以价值创造为目标的量子场。

以量子科技为标志的第四次科技革命,不仅仅是量子科技的开发与应用,更重要的是科学哲学思维的变革。如同前三次科技革命,量子新科技的普遍应用、量子科学哲学观对客观世界的认知,将引领技术进步、社会重构、组织商业模式变革。基于量子科学哲学观,企业被视为不确定的、主体参与的、整体涌现的量子场。组织管理要革新传统的科层制,要以使命感为驱动力,通过变革领导方式,激活个体与组织的潜能,实现商业生态系统价值创造与价值共享。

1. 国有企业领导干部治企的理念

(1) 坚定信念。国有企业领导干部要始终坚持党的核心领导地位,始终坚持中国特色现代国有企业的发展方向。党建工作是国有企业独有的政治资源,也是中国特色国有企业制度的本质特征。国有企业领导干部要遵循市场经济规律,坚持全心全意依靠工人阶级。国有企业具有政治、经济以及社会的多重责任。优秀的国有企业领导干部要肩负起责任，并有信心与担当去实现国有企业的使命。面对日趋激烈的国内外市场竞争，国有企业领导干部要迎难而上、开拓进取，带领广大干部职工开创企业发展新局面。在工作中不仅要探索高度创新驱动的高质量发展的实现路径，还要强化自身的党性意识、宗旨意识以及警示意识，严明政治纪律和政治规矩，不断提高思想政治素质，增强党性修养。"在真学真信中坚定理想信念，在学思践悟中牢记初心使命"，做到心中有底气，周身有正气，无坚不摧，无往不胜。

（2）多元包容。企业作为社会系统的子系统，其活动涉及众多利益相关方。国有企业领导者在处理利益相关方关系时，不能以非此即彼的观念行事，而应该从共识中寻找基本的哲学认同。量子自我兼容并包，既有独立个体部分，又有关联整体部分（Zohar，2016）。因此，企业中的员工均具有追求自我利益的需求，但同时作为组织整体的构成部分，其行为必须符合企业的目的。国有企业领导干部应鼓励员工共同参与决策、共享机会与收益、共担责任与风险。要鼓励并创造员工参与创新的机会，并且包容创新的失败。员工与组织应通过使命感以及核心价值理念的同频共振，提升资源与信息流动的效率，推动国有企业目标的实现。国企干部在领导的过程中，要充分发挥领导艺术的作用，使用合适的沟通技巧和激励技术，改善上下级关系，提升领导效能。

2018年8月17日,全球顶尖商业领袖共同签署《公司的目的》宣言,明确指出"企业要为客户提供价值、投资于员工、与供应商公平合理地进行交易、为股东创造长期价值"。这表明,独尊股东利益的时代即将终结,取而代之的是利益相关方以及商业生态系统整体的价值共创与共享。国有企业领导干部的包容性思维还体现为兼顾多方利益、相关者利益,实现和谐发展。

(3)以人为本。以人为本是企业领导思想的灵魂。我国具有悠久的"以人为本"的治国理政历史,早在春秋时期,齐国名相管仲就提出了"以人为本"的理念,其后"民为邦本""民为贵""国以民为本"等思想被广泛传颂与发扬。

"以人为本"是由量子科学哲学观的主体参与性决定的基本管理理念,从根本上决定了企业的文化、战略、组织结构、盈利模式以及价值创造能力等。从本质上看,企业是以人为核心而构建的复杂商业关系系统。关系是宇宙的本质,这是由量子纠缠性决定的。基于关系视角的管理不能仅仅依赖于制度,而是要实现制度与文化有机融合的人本管理。企业中有三类最重要的利益相关方,分别是员工、用户与股东。其中,员工是价值创造的主体,只有员工创造了价值,才能确保顾客的满意,并通过顾客的购买行为实现成本的收回与利润的获得。因此,国有企业领导干部践行"以人为本"理念,必须尊重员工,将员工视为最重要的利益相关方,并通过组织结构变革与制度创新,将企业员工的潜能激活,最大限度地发挥员工的创造性。了解员工诉求,构建与企业目标一致的个人目标，并以此吸引员工、激励员工与留住员工。用户是影响企业竞争力的重要因素。在物质丰富的当代，用户的需求呈现出更具个性化的特征，为此，企业需要实施组织变革，构建用户与企业交互的系统，使用户在与企业的持续交互中，得到使用价值与体验价值的双重提升。通过员工价值，驱动用户价值，并进一步驱动股东价值的实现。

张瑞敏先生将企业的本质视为"人的价值创造"，并通过人单合一模式创新，为每个人提供实现自我价值的平台。实现了"决策权、用人权、分配权"的"三权"下放。赋能型的权力下放，打破了科层制的权力控制，使团队与个体的潜能被充分激活。同时，通过开放组织边界，使用户能够参与到价值的创造过程中，在员工与用户的持续交互中实现了商业生态系统的价值创造。

（4）自主创新。创新是企业家精神的灵魂。党的十八大报告明确提出，科技创新是提高社会生产力和综合国力的战略支撑，必须摆在国家发展全局的核心位置；要坚持走中国特色自主创新道路，实施创新驱动发展战略。国有企业领导干部要秉承突破创新的哲学理念，持续推动制度创新、管理创新、技术创新、产品创新与服务创新。要树立自主创新意识，提高自主创新能力。国有企业要带头引领自主创新，实施颠覆性突破。提高自主创新能力，一是要瞄准国际创新趋势、特点进行自主创新，确保创新站在国际技术发展前沿；二是要将优势资源整合聚集到战略目标上,力求在重点领域、关键技术上取得重大突破;三是进行多种模式的创新,既可以在优势领域进行原始创新,也可以对现有技术进行集成创新,还应加强引进技术的消化吸收再创新。除了技术创新,管理模式创新也将大大激活组织的价值创造潜能,使企业成为更具持续成长能力的组织。例如海尔张瑞敏以"自以为非"的文化,带领海尔进行"人单合一"的管理模式创新,通过持续的创造性破坏与创造性重组,使海尔顺利实现名牌战略—多元化战略—国际化战略—全球化品牌战略—网络化战略—生态品牌战略的变革。"人单合一"成为全球管理模式创新的典范,2020年9月,张瑞敏获得由中国管理科学学会授予的"管理科学特殊贡献崇敬奖"。依托卡奥斯COSMOPlat工业互联网平台,海尔自主创新大规模定制模式,搭建国家级双跨平台赋能企业数字化转型升级,通过开放工业互联网生态资源助力企业防疫抗疫、复工复产、稳产增效,目前已经实现跨行业、跨领域生态赋能,为啤酒、房车、纺织等行业提供大规模定制社会化服务,助力企业转型升级,为全球制造业的转型升级贡献了"中国模式"。

2. 国有企业领导干部治企的思维变革

长期以来,受牛顿科学思维的影响,人们将企业视为线性、可控、边界清晰并以盈利为目的的组织。在21世纪以量子技术为主要标志的科技革命拉开序幕,美国、俄罗斯等国家开启量子国家行动计划,我国在量子通信卫星以及量子计算机等方面取得了领先成果。在量子技术被应用的同时,量子科学哲学开始由自然科学走向社会科学领域，深深地影响着人们对自然、宇宙、社会以及组织的认知。基于量子科学哲学观的量子思维将对领导干部的管理行为带来颠覆性影响。

量子思维就是运用量子物理的哲学观来观察、解释和分析组织的思维范式。量子科学哲学观认为人起着主导作用，组织不仅是客观的存在，而且是主客观的统一，个体的参与对于改变组织发挥着主导性作用。量子思维将激发组织成员超越物质利益至上的价值与意义的追求，使员工更具幸福感，组织更富有活力。量子思维的主要内容如下。

（1）整体性思维。量子新科学认为世界是相互作用、互相叠加、紧密联系的动态能量系统。每一个组织或组织成员都将受到商业生态系统的其他组织或量子个体的影响，商业生态系统的每个个体与组织构成了相互依存的整体。量子思维不再将企业视为"孤岛"，而是将其连同所处的环境视为整体。基于量子思维，国有企业的领导、雇员及其他利益相关主体，处于一种共生的平衡系统中。领导干部应致力于构筑良好的商业生态环境，而不是自身的利益追逐。海尔以"人"的价值创造与价值传递为中心，致力于利益相关方的"共创""共赢""共享"，通过"三生"体系将价值创造扩展到全社会的商业生态系统中。

（2）非线性思维。非线性是由量子自身的属性决定的。微观粒子从一个状态到另一个状态的变化常常是跳跃式的。世界充满了量子跃迁、复杂性以及突然涌入混沌的情形。非线性变化是客观世界的本质属性，商业生态系统的关系错综复杂，其方向难以预测，也根本无法控制。海尔通过构建并联、非线性的开放式组织运营体系，将利益相关方纳入创新生态群落，实现生态系统利益相关方持续交互的迭代式创新。商业生态系统平台的构建，使企业与企业以及企业与用户的关系发生了根本变化，企业与用户的关系由线性的单边市场交易，转变为非线性商业生态圈的多边合作。多边交互实现了用户主导的创新，持续交互将顾客发展成为用户、用户发展成为终生用户，就是非线性思维的重要表现。国有企业领导干部针对战略方案的选择，须树立非线性变化的意识，以避免线性思维模式给企业带来的灾难。同时，组织运营模型的设计也应采用并联的非线性模式，所有流程都要以用户为中心，并实时实现用户与企业生产经营每个环节的信息交流。

（3）潜在性思维。经典思维将组织视为有形而可控的系统，以控制作为管理的核心职能。在这种思维范式下，组织结构以及相关制度均围绕有形的物质与追求短期利益设置。量子思维将组织视为量子场，将潜在性的知识与能量作为组织的关键性资源。基于量子新科学的潜在性思维，国有企业领导干部应致力于构建组织能量流动模式，激活企业内部以及企业与企业间的相互作用有可能产生的创造性的潜能。

（4）参与性思维。量子新科学认为物理事件必定与观测有关，主体不能独立于环境之外，而只能参与其中，并且正是主体的参与推动了事物的发展。量子自我生活在一个"参与性"的宇宙中，每个企业不仅对自己，更要对世界负责。基于参与性的量子思维，国有企业领导干部应构建赋能型的开放式组织结构，使员工、用户、供应商，甚至竞争对手等利益相关方参与到价值创造与分享的过程中。海尔通过构建去边界、去科层的量子化赋能平台，加快了组织内部员工与员工、部门与部门以及外部企业与企业的能量和信息的交换速度，激活了员工的潜能，并且有效管理了员工与用户的不确定性，大大增强了企业对环境的协同能力。国有企业领导干部要通过制度创新与管理创新，强化员工以及利益相关方在价值共创与共享过程中的参与。

（5）边缘性思维。作为量子场的企业总是处在混沌与有序的交互之中，边缘地带通常是范式变革与创新的发生地。混乱与纷争的无序不一定是灾难，也可能是激发创造力的源泉。企业若要保持生机与活力，必须能在秩序井然的系统中产生创造性的破坏力量，并具备进入混沌状态的潜能。国有企业领导干部的边缘性思维就是要建立边缘地带的链接，跟踪处于边缘地带的环境与组织结构要素，探寻共创价值的领域，发现构建商业生态系统及其价值创造的机会。董事会在设计组织结构时，要关注边缘地带的创新，建立部门间以及企业间的链接。海尔COSMOPlat平台基于量子边缘性思维，构建跨区域、跨国界、跨行业的智能制造平台，快速实现了全球知识与资源的整合，增强了商业生态系统的价值创造能力。目前，卡奥斯COSMOPlat正沿着跨行业、跨领域、跨文化三个维度进行全球赋能。跨行业方面，已孕育出建陶、房车、农业等15个行业生态；跨领域方面，平台已覆盖全国7大中心12大区域；跨文化方面，平台已在美国、新西兰、俄罗斯等20个国家实现复制，并正在加快向全球复制的脚步。

5.2 国有企业领导干部战略领导力及其培育

5.2.1 领导的基本认知

1. 领导的本质

领导意指指引和影响个人或组织实现某种目标的行动过程。领导方式由领导者、被领导者以及组织情景三个基本要素构成，具有高度的权变性。理解领导的本质内涵，是有效从事领导工作的前提。行动学派如泰瑞（G. B. Terry）将领导视为"影响人们自动地达成群体目标而努力的一种行为"；斯托格狄（R. M. Stodill）认为"领导是对一个组织起来的团体为确立目标和实现目标所进行的活动施加影响的过程"；赫姆菲尔（L. K. Hemphil）将领导视为"指挥群体在相互作用的活动中解决共同问题的过程"。影响力学派将领导视为一种影响力，领导通过影响力而非个人正式权威对组织成员施加影响。如坦南鲍姆（R. Tannenbaum）将领导视为"在某种情况下，经过意见交流过程所实现的一种为了达成某种目标的影响力"；阿吉里斯（Argyris）认为"领导即有效的影响，施加影响力要求领导者如实地了解自己的影响"；达夫特（Richard L. Daft）认为"领导是在领导者和追随者之间有影响力的一种关系"。权威学派高度强调领导的权威，关注自上而下的控制。如杜平（R. Dupin）认为"领导即行使权威与决定"；杨（K. Young）认为"领导是一种统治形式，其下属或多或少地愿意接受另一个人的指挥和控制"。艺术学派将领导视为艺术性的工作，关注领导过程中通过权变的领导艺术影响组织成员实现组织目标，如弗兰奇（J. French）将领导视为"一个人所具有并施加于别人的控制力"；孔兹（H. Koontz）认为"领导是一门促使其部属充满信心、满怀热情来完成他们任务的艺术"。

2. 领导与战略的关系

领导是战略的设计者与实施者。美国战略管理学家希特（M. A. Hitt）、爱尔兰（R. D. Ireland）和霍斯基森（R. E. Hoskisson）在《战略管理：竞争与全球化》一书中指出，有效的战略领导决定组织的战略意图和战略使命，战略意图和战略使命决定战略制定和战略实施等战略行动，战略行动决定战略绩效，而战略绩效就是战略意图的具体化。希特等学者所理解的领导者即为战略决策者和战略家。战略领导者是组织中负责确定发展方向和长远发展目标并推动目标实现的高层领导者。一般而言，一个成功组织的背后都有一个或几个伟大的战略领导者，如美国GE（通用电气）是在爱迪生、韦尔奇等杰出领导者的成功战略引领下走向基业长青的；华为公司是在任正非的设计与领导下，成为全球5G技术创新的引领者。

5.2.2 国有企业领导干部战略领导力

1. 战略领导力的内涵

美国大学教授鲍尔（K. B. Boal）和美国国际管理发展研究所研究员豪依伯格（R. Hooijberg）的研究显示，领导学者从20世纪70年代末开始关注战略领导力的研究。学者们认为战略领导力的本质是学习能力、变革能力和管理智慧。美国领导学者豪斯（R. J. House）和阿迪亚（R. N. Aditya）认为，战略领导力的主要内容包括：进行战略决策、选择关键经理、配置关键资源、确定目标和战略、指明组织发展方向、规划和安排组织结构、协调关键的利益相关者并与他们保持沟通等。美国Wolf Enterprises咨询公司总经理威尔逊（I. H. Wilson）认为，在急剧变化的环境中，领导力的重点是确定方向并坚持既定的方向。为此，战略领导力可以从战略、行动、文化、社会政治、道德五个维度来刻画。海因特哈伯）（H. H. Hin-terhuber）和弗雷德里奇（S. A. Friedrich）指出，战略领导力的任务主要包括三个方面：①提出愿景、使命、战略和政策；②提升生存动力、文化和形象；③为关键的利益相关者创造价值。德国欧洲管理和技术学院的阿贝尔（D. F. Abell）教授认为，战略领导力的主要任务包括六个方面：①平衡战略的短期目标和长期目标；②在制定战略前首先明确使命与愿景；③放弃流行的"资源基础战略"而寻求资源、未来机会、领导意图和领导责任的匹配；④在分析内外部环境的基础上重新定义战略核心;⑤从供应链的角度重新认识竞争;⑥战略制定要深入到单一产品和细分市场的层面。索西克(J. Sosik)等则从流程的角度来理解高技术企业的战略领导力。他们认为,战略领导力由输入、流程(任务)和输出三个维度的因素构成,其中输入因素包括高层领导者、员工、趋势、业务机会、技术和信息、财务资源、合作伙伴等;流程因素包括识别和利用趋势、聚焦核心信息和战略、选择和培育战略所需要的人员、调适人员和技术、培育主人翁意识和信任、促进创新和学习、强化核心信息和战略、关注未来的成功等;输出因素包括突出的财务绩效、顾客满意度、扩展的知识基础、与利益相关者的良好关系、持续的流程/人员改进、共享的领导力等。德国领导力学院院长皮诺(D. F. Pinnow)提出了"系统领导力模式",将领导视为一个系统,通过提升管理层的领导力并运用教练技术引导下属员工,带领员工达成企业和个人的双赢目标。该模式关注整体观察和系统思考,强调理智与情感的统一,重视领导者的自我管理和关系管理,注重整合领导者自身需求和组织的目标,强调领导力就是关心人,是一个持久的学习过程,是管理和领导的结合。美国著名管理学者柯林斯(J. Collins)在《从优秀到卓越》一书中提出了"五级经理人体系":第一级经理人是指能力突出的个人,第二级经理人是指乐于奉献的团队成员,第三级经理人是指富有实力的经理人,第四级经理人是坚强有力的领导者,第五级经理人则是"将个人的谦逊品质和职业化的坚定意志相结合以建立持续的卓越业绩的领导者"。第五级经理人被创造业绩的渴望所驱动和感染,公司的利益对于他们而言永远是第一位的,他们更愿意看到公司在下一代经理人的领导下取得更大的成功。美国凯普纳—特里戈咨询公司总裁弗雷德曼(M. Freedman)和该公司创始人之一的特里戈(K. Tregoe)在《战略领导》一书中指出,战略领导力的核心任务就是构想令众人充满信心的战略远景,通过充分的沟通使战略远景得到全体成员的认同,矢志不移地坚持实现战略远景,绝不违背战略承诺。具体而言,战略领导者的主要任务就是选择、实施、不断监控并修正组织战略。

综合上述学者的研究,我国社会科学院的领导力研究将战略领导力归纳为五种能力:①构想组织愿景的能力;②指明组织发展战略实现路径的能力;③构建基于战略的组织结构的能力;④平衡关键的利益相关者利益的能力;⑤谋求实现组织可持续发展的能力。针对国有企业领导干部而言,在五种能力的基础上,还须具备将党的意志贯彻到企业战略中的能力以及关注和保障员工权益的能力。

2. 国有企业领导干部战略领导力的内容

国有企业领导干部战略领导力体现为党性领导力、愿景领导力、结构领导力、路径领导力、均衡领导力和持续领导力六个维度。

(1)党性领导力,即国企领导将党的意志贯彻到企业战略中的能力。坚持党的领导、加强党的建设,是我国国有企业的光荣传统,是国有企业的"根"和"魂",是我国国有企业的独特优势。习近平总书记强调,坚持党对国有企业的领导是重大政治原则,必须一以贯之;建立现代企业制度是国有企业改革的方向,也必须一以贯之。中国特色现代国有企业制度,"特"就特在把党的领导融入公司治理各环节中,把企业党组织内嵌到公司治理结构中,明确和落实党组织在公司法人治理结构中的法定地位,做到组织落实、干部到位、职责明确、监督严格。要将党的领导融入战略制定和实施的各个环节中,并将其变成自觉行动。

(2)愿景领导力,即明确组织发展方向和基本发展原则的能力。第一,领导者要在兼顾个人价值、组织成员价值和组织整体价值的基础上,提出组织的核心价值观并使之成为组织发展的根本准则;第二,领导者要洞悉社会演化规律并据此设计和调整组织的发展方向;第三,领导者要把握影响组织变迁的关键因素并据此引导和控制组织的发展进程;第四,领导者要坚定不移地推行既定的核心价值观并据此塑造和变革组织文化;第五,领导者要特别关注科学技术的发展及其对组织的影响,并持续推进组织创新。领导者在洞悉组织发展方向和社会演化规律时,要充分贯彻量子科学观,贯彻整体性思维、非线性思维、潜在性思维、参与性思维和边缘性思维,以更准确地把握企业的发展方向。

(3)结构领导力,即持续整合实现组织愿景所需资源并最优地利用这些资源的能力。第一,领导者要擅长获取各种战略信息进行分析并调整组织的战略目标;第二,领导者要善于根据战略目标来选择业务组合和最优的业务模式;第三,领导者要精于根据战略目标来配置组织的各种关键资源;第四,领导者要坚定地以愿景吸引优秀人才并根据战略目标配置人力资本;第五,领导者要持续推动管理变革和创新并不断提升组织的价值创造能力。在利用企业相关资源时,领导者要充分发挥非线性思维,树立不同资源发挥作用的方式可能是非线性的意识,高度关注环境变化对组织资源配置的影响。

(4) 路径领导力,即设计有利于实现组织愿景的最优发展策略的能力,具体体现为将战略目标转化为具体实施方案的能力。第一,领导者要顺应知识经济社会的要求,构建以知识为动力和资本的知识型组织,并实施知识的转化;第二,领导者要适应全球化的发展趋势并寻求借助国际合作实现跨越式发展;第三,领导者要充分挖掘信息化蕴涵的机会,建设能够快速应变的柔性组织,将组织结构与战略相匹配;第四,领导者要使运营模式与组织战略相匹配,确保组织战略能够通过合理的运营模式予以实现。

(5) 均衡领导力,即保证组织适变、应变和良性健康发展以及保障员工利益的能力。第一,领导者要树立利益相关方意识,组织决策要兼顾利益相关者特别是关键利益相关者的利益;第二,领导者要不断地创造新的机会并为所有的组织成员提供均等的发展机会;第三,领导者要持续建立与组织成员的信任关系,充分授权以激活员工的潜能;第四,领导者要把组织成员的成长作为组织发展的重要目标,使员工在实现组织目标的同时达成个体目标;第五,领导者要关注构建和谐利益相关方关系,积极参与和支持社区及其他利益相关者的发展,为组织的发展打造良好的环境,实现组织与环境的共同发展。基于量子科学哲学观,国企领导要以人的价值创造为准则,不仅要关注企业内部员工的利益,还要均衡整个商业系统中利益相关者的利益,以提升商业生态系统整体的价值创造能力。

(6)持续领导力,即保证组织长期成功和持续追求卓越的能力。第一,领导者要深入探讨组织及其环境的发展规律,尊重技术、行业以及市场规律;第二,领导者要树立大局观,提升战略意识,确保组织融入环境,又能引领环境并设计环境;第三,领导者要确立以人为本的发展理念,在兼顾各方长远和短期利益的基础上,构建和谐组织;第四,领导者要坚持不懈地追求学习和创新,并致力于建设学习型组织;第五,领导者要始终不渝地坚持高质量发展,构建创新驱动型的组织发展模式。

3. 国有企业领导干部战略领导力的培育

国有企业领导干部是党在经济领域的执政骨干,是治国理政复合型人才的重要来源,肩负着经营管理国有资产、实现保值增值的重要责任。国有企业领导干部必须做到对党忠诚、勇于创新、治企有方、兴企有为、清正廉洁。国有企业领导干部要坚定信念、任事担当,牢记自己的第一职责是为党工作,牢固树立政治意识、大局意识、核心意识、看齐意识,把爱党、兴党、护党落实到经营管理各项工作中。培育国有企业领导干部战略领导力的途径主要有如下几项。

（1）使命驱动。国有企业的使命决定了国有企业领导干部要坚守使命担当，为国家富强、民族振兴、企业发展而贡献力量。使命驱动不仅是国有企业的历史使命要求，也是量子科学哲学观的基本要求。量子科学哲学观强调从更深的愿景中汲取能量，专注于使命感与更长远的价值创造。尼采（Friedrich Wilhelm Nietzsche，1844—1900）曾经直言："知道为什么而活的人几乎能克服一切问题。"为了应对具有高度不确定性的量子时代的挑战，国有企业的领导干部应对"我是谁"的经典哲学问题进行深度思考，从而明确企业的本质与存在的意义，并且以使命感为驱动力，激发组织成员的活力。基于量子思维的企业是构建人类命运共同体的主体，企业不仅要追求自身价值的创造，还要致力于整个商业生态系统的价值创造。方太以"仁爱"为核心，驱动企业由"一流企业"向"伟大企业"转变的使命感大大激活了员工潜能；纳德拉通过刷新微软使命，驱动微软成为强有力的价值创造组织。

（2）洞察环境。当今，国有企业处在一个高速发展变化的环境中。其中行业特征、市场因素、科技发展以及经济政治趋势等外部因素都在不断变化，而这些变化都将对国有企业的运营及发展产生重大影响。随着我国经济体制改革以及国企改革的不断推进，国有企业将逐渐成为自由的市场主体。国有企业领导干部要增强环境洞察力。关注政治、经济、社会以及技术等外部环境要素的变化,分析企业在行业中的竞争优势与劣势,掌握企业内部的资源与能力,并对战略战术及时做出调整。在分析外部环境时,领导干部要树立系统性思维和非线性思维意识,从影响企业价值创造的生态链出发,明晰组织的环境态势。其次,领导干部要使用潜在性思维对市场进行分析,挖掘市场潜力,掌握消费者动向,调整产品及服务,以满足消费需求乃至创造需求。另外,领导干部要及时掌握当下最前沿的科学技术,了解科技发展对产品的生产、销售、服务等方面产生的影响,并充分利用技术优势降低成本、提高质量。最后,作为国有企业领导干部,还须准确解读中央颁布的相关政策,积极响应党和国家的要求,合规经营,把握政策提供的发展机会。

为了增强国有企业领导干部的环境分析能力,企业应构建环境分析信息系统,以方便领导干部能够及时获得所需相关信息。

(3) 战略参与。国有企业领导干部的核心职能是战略引领。国有企业领导干部要树立战略意识,并全身心投入战略决策选择与实施中。首先,运用整体思维审视环境。在充分了解外部环境变量及企业内部资源与能力后,领导干部应对企业当前所处的环境、在行业中的位置、企业的市场竞争力水平以及企业的发展方向做出准确的判断。其次,国有企业领导干部尤其是董事会成员与高级管理人员,要关注企业的制度创新、盈利模式创新以及技术创新,坚决贯彻国家创新驱动的发展战略。在挖掘企业创新能力的过程中,树立非线性思维、潜在性思维意识以及参与性思维意识。审视行业变化以及企业变化存在的非线性发展规律,关注组织内部部门间以及企业与外部环境之间可能存在的边缘性创新或价值创造的机会,并具备激发混沌状态的能力。国有企业领导干部还要树立参与性思维意识,创造企业商业生态系统利益相关方参与的机会,构建赋能型的开放性组织。

(4)业务管理。领导干部要通过对业务管理的充分关注,提升其战略领导力。核心高管人员不仅要参与战略制定,还要关注业务管理,为基层管理者提供必要的资源支持。要时刻关注环境变化,确定战术目标和实现目标的行动方案,有效进行资源配置。要协调个人、团队和工作单元之间的工作。在业务管理的过程中,要健全以职工代表大会为基本形式的民主管理制度,推进厂务公开、业务公开,落实职工群众知情权、参与权、表达权、监督权,充分调动职工的积极性、主动性、创造性。做到随时观察环境,实时解决问题,以质量为导向,通过有效的资源管理实施战略方案。领导干部要高度关注人才梯队的建设,制定合理的人才晋升机制,确保业务管理的有效性。

(5)持续学习。为了更准确地对外部环境进行分析及制定更为合适的战略,领导干部应通过持续学习,提高战略领导能力,并通过组织结构变革,赋能并投资于员工,提升其价值创造能力。领导干部要致力于构建有效的培训体系,并建立学习型组织,使组织学习成为企业的日常性工作。通过教育投资与持续组织学习,提升领导干部及员工的价值创造能力。

5.3 国有企业领导干部的领导效能

德鲁克说,领导力就是将一个人的视野提到更高的境界,将一个人的成就提到更高的标准,锤炼其人格,开发个体的潜力以及持续的创新动力。领导效能是指领导者在实施领导活动的过程中,达成组织目标的效果。领导效能不仅仅取决于组织目标的实现程度,还与目标实现过程中,员工的心理满意程度高度相关。因此,衡量国有企业领导干部领导效能的标准有两个:一是国有企业目标的完成情况,二是员工的心理满意状况。

5.3.1 目标达成情况

国有企业的经济属性、政治属性和社会属性决定了国有企业目标的多元化,包括经济目标、政治目标和社会目标。衡量国有企业领导干部的领导效能,要综合三类目标的达成状况。

2019年4月1日起施行的《中央企业负责人经营业绩考核办法》规定,中央企业领导干部的业绩考核导向要"突出效益效率""突出创新驱动""突出实业主业""突出国际化经营""突出服务保障功能"以及"健全问责机制",实施分类考核。

《中央企业负责人经营业绩考核办法》明确规定:"对主业处于充分竞争行业和领域的商业类企业,以增强国有经济活力、放大国有资本功能、实现国有资本保值增值为导向,重点考核企业经济效益、资本回报水平和市场竞争能力,引导企业优化资本布局,提高资本运营效率,提升价值创造能力。""对主业处于关系国家安全、国民经济命脉的重要行业和关键领域、主要承担重大专项任务的商业类企业,以支持企业可持续发展和服务国家战略为导向,在保证合理回报和国有资本保值增值的基础上,加强对服务国家战略、保障国家安全和国民经济运行、发展前瞻性战略性产业情况的考核。适度降低经济效益指标和国有资本保值增值率指标考核权重,合理确定经济增加值指标的资本成本率。""对公益类企业,以支持企业更好地保障民生、服务社会、提供公共产品和服务为导向,坚持经济效益和社会效益相结合,把社会效益放在首位,重点考核产品服务质量、成本控制、营运效率和保障能力。""根据不同企业特点,有区别地将经济增加值和国有资本保值增值率指标纳入年度和任期考核,适当降低考核权重和回报要求。对社会效益指标引入第三方评价。"

"对国有资本投资、运营公司,加强落实国有资本布局和结构优化目标、提升国有资本运营效率以及国有资本保值增值等情况的考核。""对科技进步要求高的企业,重点关注自主创新能力的提升,加强研发投入、科技成果产出和转化等指标的考核。在计算经济效益指标时,可将研发投入视同利润加回。""对结构调整任务重的企业,重点关注供给侧结构性改革、主业转型升级、新产业新业态新模式发展,加强相关任务阶段性成果的考核。"

考核办法还明确了其他类中央企业的业绩考核指标。"对国际化经营要求高的企业,加强国际资源配置能力、国际化经营水平等指标的考核。""对资产负债水平较高的企业,加强资产负债率、经营性现金流、资本成本率等指标的考核。""对节能环保重点类和关注类企业,加强反映企业行业特点的综合性能耗、主要污染物排放等指标的考核。""对具备条件的企业,运用国际对标行业对标,确定短板指标纳入年度或任期考核。"

5.3.2 员工满意状况

领导效能的另一个维度指标是员工实现目标的心理满意程度。意指员工所得与期望相比而产生的感知状态,是员工需要被满足的程度。作为一种主观判断,员工满意度与心理感知高度相关。员工是价值创造的主体,其满意度对组织绩效具有决定性作用。研究表明,员工满意度每提高3个百分点,顾客满意度将提高5个百分点;员工满意度达到80%的企业,其平均利润率的增长大约高出行业平均水平20%左右。影响员工满意度的因素很多,最早霍波克(Hoppock,1935)研究发现,工作环境、人物特征、领导风格、心理感受四个方面是影响员工满意度的关键因素。继霍波克之后,有大量学者对该领域进行了探索。弗洛姆(Vroom,1962)提出了"升职空间、工作条件、上下级关系、组织特性、工作本身、沟通以及工作程序"等七要素;史密斯(Smith,1969)提出了员工满意度的"五要素"即"物质回报、上级领导、晋升、人物特点、组织特征";斯佩克特（Spector，1976）则从"物质回报、发展空间、上下级关系、同事关系、工作环境、信息交换、任务流程、管理模式、价值观念"九个方面衡量员工满意度。随后法雷尔（Farell，1978）从组织特征"业务流程、工作环境、薪酬待遇"以及员工自身"个人兴趣、自我实现、工作时间、特殊训练、价值观念"两个维度、八个方面衡量员工满意度。斯佩克特（Spector，1976）以及法雷尔（Farell，1978）均关注了价值观对员工满意度的影响。其后该领域的研究，多数学者没有突破上述范畴，但郑伯壎（1989）提出的五维员工满意度"薪酬、晋升机会、主管领导、同事、工作本身"中，突出了主管领导的作用。

总之，员工满意度是多种因素共同作用的结果，既有薪酬水平、薪酬结构、薪酬的外部竞争力、薪酬的内部公平性、员工福利以及社会保障等经济回报因素，又有培训机会、职业生涯规划、学习援助计划、员工晋升等员工个人发展与成长因素，还有与工作有关的因素，如工作性质、员工角色、工作难度、工作环境等；工作中的人际关系如价值理念、员工与领导的关系、同事关系、员工与用户关系等也影响着员工满意度；另外，企业因素如文化、行业地位、企业声誉、企业形象、地理位置、品牌影响力等因素也影响着员工的忠诚度与满意度。

经济回报是影响员工满意度的关键因素，员工公平感是确保高满意度的关键。员工希望公正、公平的分配制度和晋升政策，并与他们的期望一致。当物质回报建立在个人技能水平、工作绩效和市场平均工资水平之上时,便会产生较高的员工满意度。同时领导干部与员工的薪酬差及其清廉程度影响着员工的公平感,不仅薪酬差要合理体现领导干部与员工的人力资本价值,并且国企干部要以高标准要求自己,做到清正廉洁。

组织文化是决定员工满意度的重要无形因素。公司文化是员工在公司长期发展中形成的价值观和行为模式,对于塑造员工的观念与行为扮演着重要角色。优秀企业及其传递的价值理念,对员工形成强大的激励与约束作用。因此,国有企业领导干部要强化组织文化建设,通过组织文化塑造成员行为。企业文化建设就是要明确国有企业的核心价值观,并使员工内化于心,外显于行,同频共振于价值创造。

提升员工满意度,还需要领导干部帮助员工提升学习能力,以确保组织始终充满活力和竞争力。要为员工提供教育培训的机会,并创造学习分享的环境。员工通过持续学习,可以改善其思维方式并优化其知识结构,从而有能力接受多样化与挑战性的工作,并从中获得满足感。

除了上述公平的经济回报、良好的组织文化以及员工学习能力之外,领导干部还要致力于构建良好的工作环境和和谐的人际关系。员工对工作环境的关心既是基于个人舒适的诉求,也是在谋求更好地完成工作。舒适的工作环境是马斯洛需求层次理论中的生理安全基本需要,国企干部要提供合适的物理工作环境以提升员工对工作环境的满足感。此外，友好的和支持性的人际关系以及上司的行为也是决定员工满意度的重要因素，因此，国有企业领导干部还需要培育和谐人际关系，借以增强组织成员的信任。

5.4 案例：宁高宁的非凡领导力

1. 成长历程

宁高宁，1958年11月9日生于山东滨州；1983年毕业于山东大学，获经济学学士学位；1987年毕业于美国匹兹堡大学，获工商管理学硕士学位；1987年加入华润（集团）有限公司；1990年3月任华润创业有限公司董事兼董事总经理；1999年任华润创业有限公司董事会主席，华润（集团）有限公司及中国华润总公司董事长兼总经理，华润北京置地有限公司主席；2004年12月28日至2016年1月，任中粮集团董事长；2011年6月任蒙牛乳业董事会主席；2012年3月28日，不再担任中国粮油控股董事会主席，但继续担任公司非执行董事；2012年6月18日，当选中共十八大代表；同年11月14日，当选中国共产党第十八届中央纪律检查委员会委员；2012中国经济年度人物奖获得者；2013年10月7日，任APEC中国工商理事会的首任主席；2016年1月，不再担任中粮集团有限公司董事长、党组书记，任中化集团董事长、党组书记；2018年6月，兼任中国化工集团党委书记、董事长；2015年，入选"十三五"国家发展规划专家委员会成员。

2. 企业本质认知

宁高宁认为：企业是现代社会最重要的一种组织形态，它建立在有限责任制和信托制基础之上，其本质是为人类探索一种有价值、低成本、高效益的生产方式。企业最根本的使命就是不断追求高效率的创新与创造，创造出一种更新、更好地与自然进行交换的方式，为人类谋取生存资料，使人类生活更加美好。如果只是重复性、规模性的生产，就不需要企业，完全可以用其他形态来替代。

宁高宁指出："国有企业首先是企业，国企改革也必须遵从于企业的本质与使命，遵循于企业发展的内在规律。""坚持党的领导、坚持初心使命和价值观，是搞好国有企业的基本出发点和根本原则。国有企业首先应当是一个有社会责任的企业公民，把人民对美好生活的向往作为根本奋斗目标；其次要以客户为中心，一切的战略谋划、产品创新、模式再造、卓越管理都必须以客户与市场作为检验标准；要实现员工与企业的共同发展，通过文化引领和激励手段，激发员工潜力、提升员工利益，打造公平、包容、阳光、透明的企业；最后要落脚到提升股东回报，作为国有企业来讲，就是做好'放牛娃'，把国家的资产管理好、经营好，促进资产保值增值。"

"一家好的国有企业，应当在党的领导下，通过创新与创造为社会、客户、员工、股东带来增量性的价值贡献,即企业价值管理的四要素模型。"国有企业存在的意义和价值体现在四要素的循环过程当中。"每个环节都离不开创新与创造,以最高的效率、最低的消耗,实现最大的创新、最好的创造。""当前我们讲国企改革不能再泛泛地去讲提升效率、释放活力,关键是要打造一种鼓励创新、激励创造的正向机制。"他认为:"价值创造是开辟一个产业,改变一个行业的规则,同时形成新的商业模式或新的业务,最终这个商业模式被投资者、资本市场、消费者所接受的过程。高层次的公司价值创造过程,要有真正良好的企业团队、组织文化、理想信念和对战略的深刻理解来支持。在这一过程中,只有高层领导者坚定地支持战略创新,才能不断在组织内部产生出更多的新产业。高层次的价值创造,需要大家都知道、理解、鼓励。包括体制机制、企业文化、财务资源、技术资源、团队资源。企业是浑然一体的,不太可能某个地方很好,其他地方很差。如果企业的团队组织、理念文化等地方不好,不可能创造新的东西出来。"

宁高宁提出要从五个方面强化国有企业的治理:

(1) 国企改革的目标必须回归于企业的本质和根本使命,必须聚焦于提升企业的创新创造能力,目标不宜过于多重、复杂。

(2) 企业战略必须与国家战略高度统一,并且要有很强的连贯性,不能因为干部任免导致战略反复变化,以便为企业发展带来长期的推动力。

(3)要坚定不移地与世界一流对标,从业绩指标、运营指标、创新能力等方面全方位地长期对标,以做出更加客观的评价。

(4)要旗帜鲜明地引导各类资源向科技研发倾斜、向创新升级倾斜,不要在一般领域搞大规模的重复建设,同时要充分利用混合所有制改革放大国有资本的影响力。

(5)要重视经理人特别是一把手对企业发展的影响,从企业特点、市场要求角度出发更加合理地挑选国有企业领军人,并且通过体制机制的不断优化为其作用发挥创造良好环境。

宁高宁强调,所有环节都必须把党的领导贯穿于其中,使其真正与企业经营管理、战略发展有机融合在一起,让党组、董事会、经理层以及全体党员干部职工共同形成推动企业改革发展的巨大合力。

3. 战略领导力

2004年,宁高宁由华润集团空降到正值转型期的中粮集团。宁高宁提出"未来中粮最重要的角色是做人与自然和谐关系的促进者",并以此作为企业的愿景和使命。

空降初期,所有人翘首以盼,希望宁高宁迅速对企业进行革新。而宁高宁则选择耐心观察企业发展状况,引导大家思考企业文化、管理、战略、使命、价值观等深层次内容。直到两年后,借中粮更新标志的机会,全面揭开了"新中粮"的面貌。包含"自然之源,重塑你我"的最新彩色企业标志,代替了过去旧的绿色标志。换标不仅仅是企业标志的变化，更伴随着整个企业的战略定位、业务管理等多层次的改进。在 2006 年 10 月 18 日举行的中粮集团新标志启动仪式上，宁高宁表示："将用 5 年时间使中粮成为中国粮油食品业真正最强大的企业，10 年成为全球最富有进取精神、最优秀、最令人尊敬的企业之一。"

就在中粮新标志启动的同时，中国第一个以木薯为原料，年产 40 万吨燃料的乙醇项目在广西正式开工。这是中粮旗下的广西中粮物质能源公司计划投资 8.65 亿元人民币的替代能源项目。华润集团掌握着中国东北、华北等玉米优质原料产区和木薯项目，拥有两家专门从事该事业研发的公司——华润酒精和华润生化，宁高宁履新中粮后，从华润整体收购过来这两家公司，成为中粮新的发展领域。宁高宁没有停留于农产品深加工的领域，而是将产业链延伸到高科技生化领域。

按照国家发展改革委的"燃料乙醇'十一五'（2006—2010年）发展规划"，我国燃料乙醇的年产能最终将达到 500 万吨，而中粮未来的替代能源乙醇的产量将达到 300 万吨。除了在生物制能源领域，宁高宁还要求中粮必须在粮食流通、粮油加工、品牌食品、地产酒店、金融投资、土畜产等行业进行产业链的延伸。

中粮入股蒙牛，是宁高宁针对中粮战略调整的体现。宁高宁认为，在中国的食品行业，乳业类正面临一个良好的发展时机。中粮与蒙牛的结合，对蒙牛与中粮的发展、对国家和民族、对食品健康都会带来很多好处。在谈判的过程中,宁高宁承诺:"中粮在乳业方面只靠蒙牛发展,不会再有别的方式。"

中粮集团的发展充分展现了宁高宁的高超领导力。企业转型、战略变革及其有效执行,呈现了宁高宁非凡国有企业领导者的魅力。宁高宁曾在全国组织干部学院做了一场"组织人事工作如何服务集团战略发展"的报告,他结合自己的工作实践,谈了自己对战略、人才的看法。他指出,创造价值是企业的终极目标,选人用人就是为这个目标服务的。这与量子思维中的使命驱动紧密相关。

在战略方面,宁高宁主张用整体性思维,洞察影响组织战略的各种变化状况。宁高宁提出"战略根本上是增长和增长方式,战略的起点是市场"的观点。在战略实施的过程中,宁高宁高度重视执行力。他指出,同样的战略选择、行业选择及定位、资源投入、市场环境,得到的结果不同,是由于团队成员、组织方式、体制效率的不同所致。因此,领导者必须拥有很强的将战略转化为行为的执行能力。

4. 由繁到简的管理

宁高宁认为,企业由繁到简的进步是一个很考验管理者的过程。实现管理的由繁到简,首先需要管理者深入理解公司业务的本质特点,明确关键点,方能管准确。管得准确,管理自然简化,有意识、有目的地推动这个过程是对管理者更高层次的要求。管理由繁到简的另一个要求,是尽量把相应决策前移,让离市场、客户最近的人作更多的决定，在管理职责上划分清楚，敢于放权。这要求整体组织的成熟，从战略目标、业务判断、评价系统、组织文化等各层面的成熟，才能让每一个层面都感到限制性的管理少，能动性的创造多，整个组织充满活力。还有一个由繁到简的要求是基本管理系统的成熟。由繁到简不是缺少管理，而是系统成熟的管理。基本系统的成熟需要时间和实践的磨炼，有了系统才能管得好。

5. 6S 管理体系

宁高宁在华润、中粮、中化等企业中推行的 6S 管理体系体现了他对领导力的独到见解。他提出了 6S 管理体系，即战略管理体系、全面预算体系、管理报告体系、审计体系、业务评价体系、管理团队及经理人评价体系，并要求各管理系统各司其职并相互配合，并在发展的过程中自我完善、自我更新、自我提升。

对于公司管理的路径和逻辑，宁高宁也有自己的理解，他将其称为"五步组合论"。他指出，企业是一个整体的动态循环系统，体现着量子思维的整体论。第一步是选择合适的经理人，经理人的选择在很大程度上决定了企业命运；第二步是组建团队，选择出的经理人要有能力组建合适的团队；第三步是发展战略，好的发展战略必须在团队建立后，由团队成员共同策划建立，是集体智慧的结果；第四步是市场竞争力，具体包括了产品、技术、成本、价格、市场、品牌、人才、资金、营运、风险，等等；第五步是价值创造，价值的衡量来源于企业的目标，而对于企业价值的评价要从政治、经济、社会、人文等多维度出发,判断企业是好是坏。在完成以上五步后,对经理人或团队进行评价,并根据评价结果进行选择:留任、晋升还是淘汰。

6. 五种经理人类型

在对职业经理人的评价中,宁高宁也加入了自己的理解。他将经理人划分为五种类型:第一种,守业型,有官威,喜欢管理大型企业,创新性不强,过于保守,所以很容易落后;第二种,效率提升型,在企业内部进行管理改革,提升效率,关注成本、产量、销售费用等具体细节;第三种,业务扩展型,有发展欲望,寻求竞争和扩大市场份额;第四种,战略转型发展型,关注企业内部的战略转型,注重创新;第五种,可持续发展组织再造型,致力于打造学习型、创新型、可持续发展的组织,从精神理念到业务专长都非常完善。越高层次的经理人越难得,对企业进步的推动作用也越大。

7. 员工认同

宁高宁指出:"人是战略和执行的最大联结点。""在真正的管理学里,人就是全部。人是管理的起点,也是终点。"

宁高宁指出:"员工的彻底认同只有靠感化。不要认为企业有了规章制度,就能让员工彻底地认同和遵守。表面的服从和内心的认同相差很远。制度越来越多,培训越来越多,员工并不一定买账,流失率的高低就可以作为参考。相当一部分比例的员工离职与其上司有直接关系。"宁高宁强调:"如果员工都准备离职了，自己对其还能有什么影响力可言？员工的彻底认同，关键是领导者自己的魅力和专业技能，自己以身作则，让员工内心受到触动，这样的影响才持久，带来的执行力才会强。除了有管理制度，管理者还应有适当的感情投入和相当的魅力影响，才能得到员工的认同。"

案例思考：

1）宁高宁的管理思想体现了怎样的量子思维？

2）宁高宁提出的战略领导力体现在哪些方面？

3）您是否认同宁高宁关于企业本质的理解，为什么？

4）您如何理解宁高宁的由繁到简的管理？

5）从宁高宁的管理思想中您得到了哪些启示？

第 6 章

国有企业领导干部治企实现路径之五：数字化使能

以数字作为关键资源，以信息技术为驱动力，加快数字化开发、网络化协同、智能化应用，不仅是企业高质量发展的重要引擎，构筑国际竞争新优势的途径，也是构建创新驱动发展格局的有力抓手。新常态下，国有企业只有实施数字化转型，才能构建创新驱动的高质量发展新格局，形成产业链协同与集聚效应，打造产业竞争优势。企业作为一个开放系统，需要实时与内外部环境进行信息交互，并在与利益相关方的持续交互中，通过价值创造与价值共享实现成长。国有企业数字化建设不仅是信息技术的改变，更是文化、组织结构、战略以及运营模式等的系统变革。国有企业强化数字化建设，领导干部要树立数字化运营的理念，强化数字化建设的制度设计与组织设计，并具备以数字化技术整合公司内外部资源进行决策与实施决策的能力。本章将围绕国有企业数字化建设的背景、数字化建设的意义、国有企业领导干部数字化建设的能力要求、国有企业数字化建设的内容等予以阐述，旨在强化国有企业领导干部对数字化建设的认知，提升其运用数字化进行决策的能力与创造价值的能力。

6.1 国有企业数字化建设的背景与意义

6.1.1 国有企业数字化建设的时代背景

数字化建设是科技和产业革命的重要历史机遇。历史表明，科技和产业革命深刻改变着世界发展格局。18 世纪 60 年代，以蒸汽机为代表的第一次工业革命推动了机器的普及以及大工厂制的建立，开创了以机器代替手工劳动的时代。率先完成工业革命的英国，很快成为世界霸主。19 世纪 60 年代后期开始了以电力为代表的第二次工业革命，人类进入了"电气时代"。第二次工业革命极大地推动了生产力的发展，并对人类社会的经济、政治、文化、军事、科技和生产力产生了深远的影响。电力作为代替蒸汽动力的新能源，快速推动了产业结构的优化升级。大量技术落后的企业被少数采用新技术的企业挤垮，在竞争中壮大起来的少数规模较大的企业形成垄断组织。大量社会财富集中在少数大资本家手里，资本主义经济进入快速发展时期。各主要资本主义国家美、德、英、法、日等相继进入帝国主义阶段。20 世纪四五十年代开始了以原子能、电子计算机和空间技术的广泛应用为主要标志的第三次工业革命，涉及信息、能源、材料、生物工程、空间和海洋开发等科学技术领域，大大加快了科学技术转化为直接生产力的速度，同时大大提高了劳动生产率。微软、谷歌、Facebook、亚马逊等企业成为具有全球竞争优势的企业。进入 21 世纪后,以量子技术、人工智能、新材料技术、分子工程、石墨烯、虚拟现实、清洁能源以及生物技术为突破口的第四次工业革命到来。当前,云计算、大数据、区块链、人工智能、移动互联网等基础性技术和前沿热点技术的迭代演进,已深度融入社会各个领域,并迸发出强大的力量,数字成为企业的核心资源以及全球产业变革和经济增长的关键驱动要素,世界各主要国家均将数字化作为谋求国际竞争优势的战略方向。

近年来,我国政府高度重视国有企业数字化建设。国资委多次召开中央企业信息化与数字化建设工作会议,在很大程度上加快了国有企业数字化建设的进程。国有企业积极推动新一代信息技术的应用,加快推进运营的数字化建设,为数字化转型工作奠定良好开局。㊀国有企业数字化建设初见成效:

(1)打造数字化研发体系,促进产品与服务的创新。国有企业积极开展差异化、场景化、智能化的数字产品和服务创新,打造基于协同平台的研发创新体系,中央企业中有多数研发单位实现了三维数字化建模和仿真,极大提升了研发创新效率和用户服务水平。

(2)大力推进智能制造,促进生产方式创新。国有企业着力开展数字化车间、智能工厂建设,推动生产现场全要素、全过程

㊀ 以下内容引自国务院国资委网站,《关于加快推进国有企业数字化转型工作的通知》系列解读之一。

的自动感知、实时分析和自适应优化，提高资源优化配置水平，赋能企业提质增效，中央企业关键工序数控化率达到51.5%。

（3）积极培育新模式新业态，促进商业模式创新。国有企业积极开展以用户为中心的商业模式变革，形成一批具有代表性的创新模式和新型业态，电子商务规模不断扩大，基于平台的产业协同生态初步形成，服务化延伸、个性化定制、网络化协同等新模式新业态成为企业重要利润增长点。

（4）加快建设工业互联网，促进产业链供应链创新。国有企业积极开展工业互联网平台建设，充分发挥作为产业龙头的作用，构建全要素、全产业链、全价值链全面连接的"核心枢纽"，带动中小企业协同发展，助力构建以国内大循环为主体、国内国际双循环相互促进的新发展格局，目前中央企业建成高水平工业互联网平台54个。

（5）全力开展协同攻关，促进核心技术创新。国有企业聚焦"补短板"，加快卡脖子技术协同攻关，在卫星导航、操作系统、工业软件等领域形成"突破口"，推动5G、数据中心、人工智能等新型数字基础设施建设，致力于打造国际先进、自主可控的新一代信息技术基础平台，提升核心技术创新水平。

进行国有企业数字化建设是贯彻落实党中央决策部署、应对第四次科技革命挑战、把握国际竞争数字化优势、满足消费者个性化需求以及企业高质量发展的需要。

1. 贯彻落实党中央决策部署

党和国家高度重视数字化建设。党的十八届五中全会上明确提出要实施网络强国战略,十九大进一步提出建设网络强国、数字中国、智慧社会等战略目标。2016年10月,习近平总书记在主持中央政治局集体学习时强调,要加快传统产业数字化、智能化建设,要做大做强数字经济,拓展经济发展新空间。2017年12月,在中共中央政治局集体学习时,习近平总书记强调指出:"大数据发展日新月异,我们应该审时度势、精心谋划、超前布局、力争主动,深入了解大数据发展现状和趋势及其对经济社会发展的影响,分析我国大数据发展取得的成绩和存在的问题,推动实施国家大数据战略,加快完善数字基础设施,推进数据资源整合和开放共享……"2020年8月,国务院国资委颁发的《关于加快推进国有企业数字化转型工作的通知》中特别强调:"要推动新一代信息技术与制造业深度融合,打造数字经济新优势等决策部署,促进国有企业数字化、网络化、智能化发展,增强竞争力、创新力、控制力、影响力、抗风险能力,提升产业基础能力和产业链现代化水平。"

2. 应对第四次科技革命挑战

技术是道格拉斯生产函数中决定经济增长的关键资源要素之一。纵观技术革命的变革历程,每一次技术革命,都对既有的资源、组织运营模式带来了颠覆性改变。以经济人为假设、以控制为核心、提高组织内部运营效率的泰勒制被电气化时代的福特制替代，福特利用标准化与流水线等技术，实施单一品种、大批量生产，大大提高了组织的运行效率，大幅度降低组织的运营成本，在稳定的以卖方主导的市场环境中产生了显著的优势。在信息化与知识经济时代，组织的不确定性增强，市场由卖方市场逐步走向买方市场，以多品种大批量生产、强化质量意识、强化员工参与的丰田制替代了福特制，成为全球制造企业运营模式的标杆。当前已进入第四次科技革命阶段，量子技术、AI、物联网、机器人等基础技术在快速发展，颠覆性技术变革倒逼企业重新定义组织、产品与服务。强化数字化建设，利用大数据以及小数据进行决策，是提升组织环境响应速度，提升价值创造能力的必然选择。

3. 国际数字化竞争日益激烈

全球数字化、网络化、智能化进入快速发展阶段，新一轮科技革命和产业变革的动能被不断释放，数字经济日益成为全球经济增长和社会进步的重要驱动力。美、欧、日、韩等世界主要发达国家和地区正在大力推进数字化转型，在机构设置、战略规划、政策法规等方面持续加大支持力度。2019 年，全球市值排名前十的企业中，有七家是数字经济领域的企业。美国通用电气、思科、IBM、微软等诸多领先企业均着力于数字化战略的布局，在数字化的软件、硬件以及互联网、云计算、大数据、人工智能等方面已形成领先优势。目前，具有全球影响力的数字化平台超过 70 家，欧洲西门子、博世、施耐德等工业巨头不断强化数字化产品并提供系统的数字化解决方案,西门子 MindSphere 平台接入工业设备达 1000 万台,通用电气 Predix 平台接入工业传感器超过 1000 万个。我国海尔卡奥斯平台目前已赋能十几家企业进行数字化改造,北斗系统面向全球提供七大服务,卫星导航能力比肩甚至超越美国 GPS,已具备助力企业数字化转型的能力。华为围绕价值创造的三个主线实施数字化转型:面向客户体验的交易流、面向研发和产品创造的产品流、基于敏捷交付的实现流,目前已建立连接知识、连接业务、连接设备的平台,实现了便捷的知识共享。

国家电投、三峡集团以及中广核等央企已布局数字化转型工作,并取得建设性进展。

4. 消费者需求日趋个性化

随着收入水平、知识水平的提高,消费者行为更加理性,不仅对产品本身的品质、使用价值具有更高的要求,并且希望得到美好的消费体验。物品的个性特征、参与体验成为消费者关注的核心要素。消费进入全新的个性化时代,企业运营模式必须实现从以企业为中心、以卖方主导的大规模制造转向以用户为中心、以买方为主导的个性化定制。实现个性化定制的关键是构建数字化平台,强化用户的参与。通过数字化平台,即时获得用户的需求信息,快速利用用户知识创造价值。与商业互联网相比,工业互联网借助大数据与小数据可以快速实现个性化定制服务,从大批量生产走向大规模定制,依赖以数字为核心资源的平台,一方面及时获得用户需求信息,另一方面实现大数据形成的"标准化"与小数据形成的"定制化"的有机融合。大规模定制不仅是制造流程的变革,更重要的是供应系统、产销系统的协同。

5. 国有企业高质量发展的需要

国民经济从高速增长转向高质量发展将为我国经济带来历史性转变,高质量发展将成为我国经济发展的重大国家战略,国有企业的质量变革与动力变革将成为中国经济发展"补短板"的重点。㊀宏观层面的国民经济高质量发展,依赖于微观企业的支撑。2018年政府工作报告明确提出,国有企业要通过改革创新,走在高质量发展前列。无疑,高质量发展将成为新时代国有企业改革和发展的基本方向。高质量不仅仅是产品的高质量,国际标准化组织认为:"质量不仅包括产品预期的功能和性能,还涉及顾客的价值和利益感知,它通过满足顾客、利益相关方、社会的需求和期望而创造价值。"黄速建等(2015)将企业高质量发展界定为"追求高水平、高层次、高效率的经济价值和社会价值创造,以及塑造卓越的企业持续成长和持续价值创造素质能力的目标状态或发展范式"。因此,企业高质量发展是一全新的发展范式,并非狭义的产品质量的"高"。近年来进行的优化国有经济布局、完善现代企业制度建设以及混合所有制改革都是实现国有企业高

㊀ 黄速建,肖红军,王欣. 论国有企业高质量发展 [J]. 中国工业经济,2018 (10): 19 – 42.

质量发展的制度保障。国有企业实现高质量发展，必须全面落实新发展理念，实施创新驱动发展战略，通过数字化建立企业与利益相关方的紧密连接，使用户可以通过数字化平台及时反馈需求信息。国有企业要加快推动企业数字化、智能化的转型步伐，强化数字化建设的网络基础设施建设，攻克关键核心技术，强化信息安全保障，不断增强国有经济的竞争力、创新力、控制力、影响力与抗风险能力，用数字化驱动国有企业的高质量发展。

6.1.2 国有企业数字化建设的意义

随着我国经济的快速发展，传统的企业管理模式存在的弊端不断凸显，已不能适应新时代竞争格局的需要。近年来，我国信息技术的发展步伐不断加快，并逐渐衍生优化企业供应链中的运输、储藏、生产、配送以及零售等环节，促进各环节工作效率提升的物联网技术。强化以数字化为核心的物联网供应链管理工作，是未来企业持续竞争优势的基本保障。最近几年国家相关部门的统计数据显示，物联网供应链管理手段的有效运用，可以在很大程度上降低企业的运营成本，缩短货物的周转周期，提高企业的生产效率，从整体上提高企业的市场竞争力。

企业的数字化建设可以帮助企业及时高效地获取和分享信息，提高企业管理和生产的智能化水平，进行知识管理和有效决策，规范业务操作，提高工作效率，降低企业经营风险，同时为国有企业各级干部参与治理与有效管理企业提供了有效的支持服务。加快数字化建设是企业抓住互联网和物联网机遇,应对新常态挑战的必然选择,其主要意义如下。

1. 促进传统企业转型升级

制造业是实体经济的基础,实体经济是我国构筑未来发展战略优势的重要支撑。实现高质量发展,必须推进产业转型升级。以信息技术的发展融合驱动力,加快数字化开发、网络化协同、智能化应用,建设智慧企业,重构核心竞争力,实现数据驱动管理、人机交互协同,是传统企业转型升级以及全要素生产率提升的根本保障。全域数据的智能分析应用,人财物等深度融合的经营信息管控系统,可覆盖产供销的完整供应链信息协同系统以及战略决策信息系统,将推动各层面经营决策信息的纵向、横向贯通。大数据等先进技术,将有助建立货源运力销售匹配的决策系统,助力提升全产业、全要素、全组织层级经营管理的精准化水平,提升一体化运营管理的协同匹配水平,实现系统资源整合最优、整体效益最佳、风险管控更强。强化与互联网以及物联网技术的融合,构建"互联网、物联网+平台"型企业将成为未来能源企业发展的基本范式,这将为制造商和客户带来前所未有的数据、信息和解决方案。数字化与智能化是传统能源产业与现代信息技术深度融合的重要体现,是人工智能技术、机器人技术和数字化制造技术相结合,催生传统能源产业实现新一轮革命性变革的动力之源。互联网、大数据、人工智能等现代新技术,将实现从产品供给到用户价值链的智慧化,并可以通过运用大数据为用户提供智能化服务。人工智能技术和综合能源系统的应用,将改变能源传统利用模式,促进能源系统的智能化,推动传统能源产业的优化升级,实现从低附加值向高附加值、从高能耗高污染向低能耗低污染以及从粗放型向集约型的全面升级。

2. 提高国有资产管理的智能化水平

传统国有企业资产管理的海量数据主要依靠人工采集与录入,导致成本高、效率低、差错率高等问题,资产变更过程中未实现标准化、流程化,无法保证资产网管中信息的及时、准确变更。更重要的是由于信息孤岛,导致资产数据无法得到充分利用。国有资产的数字化管理就是利用基于数字化的智能技术重塑国有企业的资产管理模式,是提升国有资产配置效率的重要手段。互联网和物联网的发展为国有企业资产管理提供了信息系统支持。随着人工智能、大数据、云计算等新兴技术的发展,资产的各类信息都可录入管理系统,并利用算法发现资产的数据价值,从而挖掘提升国有资产价值的潜力。基于大数据的智能化资产管理技术可大幅提高资产管理的有效性。减少人工参与的自动化信息采集技术,可大幅度降低差错率,提高信息管理的有效性。同时,随着工业互联网以及物联网的发展,资产在其使用过程中,随时形成可供存储的数据资源,极大便利了资产管理者对资产的监控。在资产数字化管理过程中,可实现对各类资产的数据信息的全面检查和补充完善,有利于推动企业整体资产利用质量的提升。

3. 提升能源新兴业务的价值创造能力

综合能源服务是能源领域的新兴产业，物联网是信息技术的前沿力量。在综合能源服务业务中融入物联网理念，将从硬件、业务、市场等层面为行业带来巨大变革。终端设备的泛在接入将推动能源系统硬件的升级换代。一个大型工业设备常有超过100个传感器，如果将传统的能源站、能源输配网络、储能装置、用能设备等改造升级为智慧能源站、智慧能源输配网络、智慧储能装置、智慧用能设备等，并统一接入物联网络，能源系统将从硬件层面发生根本的升级换代，向着精密化、自动化、智能化转型。

能源数据资产的激活将带来持续优化的业务价值。传统能源服务业务重点集中于能源销售、能源基础设施建设、能源站运营维护等。随着能源数据的开发利用，业务价值链将被拓展。未来，随着数据的深度挖掘，能源系统可进一步实现"自动感知、快速反应、科学决策"，业务价值链将得到持续优化。

用户的驱动将引导能源服务市场化升级。每个用户都是一个数据源，当用户的互联互通水平、数据整合挖掘深度不断提升时，自下而上的用户驱动力将随着用户的不断接入呈现指数级增长。借助数字化系统提供的信息，能源服务商将可获得用户在不同环境的服务需求，用户也将拥有对能源服务商和能源服务业务更加自由的选择权。

业务变革与管理升级将加剧产业制高点的争夺。综合能源服务将是能源产业和信息产业竞争的焦点。在信息化、平台化的竞争生态中,率先从管道式线性价值链创造转向平台型动态价值网络经营的企业,将掌握产业生态的主导权。借助数字化技术,综合能源服务商可以实现由内向外的管理重心转移,构建贯穿"数据—信息—知识—智能"的工作流程,整合资源,改进和优化经营、组织管理方式,构建更高效的能源服务运营体系,将具备更富韧性和灵活性的能源服务组织。

4. 提高国有企业领导干部决策水平

数字化建设为企业提供强大的数据支撑和应用平台。在国有企业管理层面,数字化建设逐步改变了以往下发统计调查表的工作方式,直接在信息系统中对组织结构、薪酬管理、生产销售等相关业务进行统计查询和分析应用,大大减少了管理层及企业日常手工报表统计的工作量,减少了人为统计错误,信息提供更加及时、准确、规范、翔实,从而有利于各级管理层根据市场的变化,及时、有效地做出决策。同时,推进系统集成、信息共享,使得母公司和子公司的各业务环节和流程环环相扣、互相钩稽,减少了信息孤岛和重复录入问题,促进了各类数据和资源的高度集成化、规范化,增强了各部门工作的协同性、一致性。数据源头统一,定期同步,共享应用,既能避免重复录入、数出多门的矛盾,又能保证数据标准的统一,提高工作效率。

总之,国有企业数字化转型是新时代企业发展的趋势。数字化建设是国有企业改善管理、适应市场需求的重要举措。通过数字化建设，国有企业可以充分利用内外部资源，不断提高资产管理水平，提升国有企业领导干部决策水平，进而提升国有企业的核心竞争力。

6.2 国有企业领导干部数字化管理的能力要求

数字化转型的核心是构建覆盖企业运营管理全流程的一体化数字业务平台，以数据驱动业务流程再造和组织结构优化，促进跨层级、跨系统、跨部门、跨业务的高效协作，实现所有工作各行其是、各尽其职又高度协同。以数字实现精益管理，打造横向互联、纵向贯通的企业运营管控平台，以数字化实现企业战略运营、业务运行、产业链运转等各类生产经营活动的实时监控、动态分析和风险管控。

为了有效实施数字化转型，国有企业领导干部要具备如下六种能力。

1. 培育数字化文化的能力

实现数字化转型，离不开企业文化的支撑。数字化转型是一项系统工程，不仅是技术变革，更重要的是组织文化以及运营模式的革命。应对数字经济的挑战，所有组织都要进行组织文化变革，为数字化转型提供核心价值理念支持。国有企业领导干部应将数字化时代的开放、创新融入组织文化中，并通过制度变革以及宣传与培训活动推动数字化组织文化的培育。

2. 制定数字化战略的能力

数字化转型是一项系统的工程,数字化建设需要国有企业领导干部有较强的战略制定与执行能力。国有企业领导干部要制定数字化转型战略并形成高效的执行方案,推动数字化转型战略的落地。做好数字化转型战略的顶层设计后,国有企业领导干部还要具备将战略推行到企业各部门,并调动员工参与战略实施的能力。在阶段性目标基本达成时,还需要进行战略审视并根据需要进行方案调整。

3. 开发利用数据的能力

在"数据信息—人员—学习—结构—知识文化—产品技术网络"中,数据信息位于第一部分,是企业的信息能量之源。与传统数据相比,大数据除了数据量大等表象特点外,还具有无结构、实时分享等特征。因此,在大数据的应用过程中,需要新的体系构架与方法,以实现对大规模数据的获取、存储、传递与分析。从海量数据中获取有价值的信息是数字化建设的关键,要求国有企业领导干部具备开发利用数据的能力,以便从海量数据中获得有价值的信息并加以分析与利用。

4. 基于数据决策的能力

科学决策是国有企业领导干部的重要能力。在当今世界处于百年未有之大变局的时代,组织外部环境呈现很强的不确定性。提高国有企业领导干部科学决策能力是企业应对不确定环境的迫切需要。国有企业领导干部要革新决策理念、优化决策流程、重塑决策模式,提高科学决策能力。数字化时代,国有企业领导干部要具备基于数据信息快速决策、以响应市场变化需要的能力。提升数据快速迭代决策能力的关键是规范决策流程,以数字赋能决策,激发流程活力,以规避决策的无序性与随意性。同时,还要强化辅助决策,最大限度发挥数据库、数据挖掘以及深度学习的功能,构建科学的模型并将经验嵌入决策流程,并对流程予以迭代优化,以提升决策的精确化、科学化水平。还可以依托大数据,为决策者提供数据资源与分析工具,打通信息壁垒,实施分布交互决策,以提高科学决策的能力。

5. 利用云平台进行管理的能力

根据国资委的管理要求,凡国资委下属企业均须填写《企业年度工作报告》,并最终由一级企业进行汇总后统一交给国资委,以备国资委审查及归档。国资委与中国中铁股份有限公司联合制作开发了"国资委企业年度工作报告综合管控云平台",企业可利用该平台实现年度报告的任务划分、填写、审核、校验、提交、汇总及最终上报工作。国资委及一级企业可实现年报的汇总、审核、统计、分析工作,从而帮助国资委及下属企业更便捷地进行年报的填报及汇总工作。云平台的建设,形成一个聚集历年数据的大数据中心。国有企业领导干部可以利用大数据技术对信息进行汇总与智能分析,实现针对企业的各项经营、管理指标的分析及预测。

6. 指导员工数字化运营的能力

在国有企业的数字化建设工作中，领导干部要引导员工明确角色定位，不仅要转变思想观念，更要明晰在数字化建设中的具体职责，并与员工一起，共同参与到数字化建设中。国有企业领导干部应积极采用现代数字技术，通过组织面对面培训、在线学习以及现场指导等方式，强化员工利用大数据进行数字化运营的能力。

6.3 国有企业数字化建设的内容

国有企业数字化建设要实现产品创新数字化、生产运营智能化以及用户服务敏捷化。产品创新数字化要求打造差异化、场景化、智能化的数字产品和服务，开发具备感知、交互、自学习、辅助决策等功能的智能产品与服务，更好地满足和引导用户需求；生产运营智能化要求实现跨企业、跨区域、跨行业的数字共享与智能运营，实现作业现场全要素、全过程的自动感知、实时分析和自适应优化决策；用户服务敏捷化要求加快建设数字营销网络，实现用户需求的实时感知、分析和预测。要整合服务渠道，构建敏捷用户服务体系，实现从订单到交付全流程的精准服务，提升用户全生命周期响应能力。动态采集产品使用和服务过程数据，提供在线监控、远程诊断、预测性维护等延伸服务，丰富完善服务产品和业务模式。

为了实现数字化转型的产品创新数字化、生产运营智能化以及用户服务敏捷化，国有企业领导干部在数字化转型中要做好以下 11 个方面的工作：

1. 培育数字化转型文化

强化国有企业数字化转型的文化建设，是确保国有企业全体员工凝心聚力于数字化转型战略的关键。要持续培养数字思维理念，培育数字化转型的氛围，用数据文化激活员工的潜能。全体员工要形成用数据思考与工作的模式，习惯用数据说话、用数据决策、用数据管理、用数据创新。将管理数据、认识数据、运用数据变成自觉行动，提高全员获取数据、分析数据、应用数据以及数据应用创新的能力。数字化转型组织文化的核心是坚持价值导向，树立与商业生态系统共生的意识，将商业生态系统的价值创造理念嵌入数字化转型的系统工程中，以价值共创与共享作为决策的准则。要兼顾利益相关方价值创造与企业长期发展的关系，将价值意识嵌入国有企业数字化转型的治理体系以及重大投资决策、应用技术决策、成效评价与绩效考核的全过程，以文化赋能数字化转型，激发企业数字化转型的活力，营造勇于、乐于、善于数字化转型的氛围。

2. 制定数字化转型战略

企业数字化战略是筹划和指导数字化转型的方略。数字化转型是今后我国企业长期的战略，是企业总体战略的重要组成部分，以战略为指引开展数字化转型，将大大提高转型成功的概率。数字化转型战略主要包括：数字化转型愿景与使命、数字化转型定位目标、商业模式、业务模式、数字化转型战略举措等。国有企业在数字化转型的过程中，需要进行战略制定与执行统筹，从战略顶层设计开始，逐层解码，找到行动的目标与路径，指导战略的具体执行。同时，积极进行商业模式与业务模式创新，将数字化与具体的业务场景相结合。

国有企业开展数字化转型，需要把数据驱动的理念、方法和机制根植于发展战略全局。主要从竞争合作优势、业务场景、价值模式来进行战略布局。在竞争合作方面，由过去的仅关注竞争转向构建多重竞合关系，将竞争合作层次从单一技术产品的竞争合作转变为智能技术产品（服务）群的竞争合作，从资源要素的竞争合作转变为新型能力体系的竞争合作，从组织之间的竞争合作转变为供应链、产业链和生态圈之间的竞争合作。在业务场景方面，国有企业应打破传统的基于技术专业化职能分工形成的垂直业务体系，以用户日益动态和个性化的需求为牵引构建基于能力赋能的新型业务架构，根据竞争合作优势和业务架构设计端到端的业务场景。在价值模式上，改变传统工业化时期基于技术创新的长周期性获得稳定预期市场收益的价值模式，构建基于资源共享和能力赋能实现业务快速迭代和协同发展的开放价值生态。

数字化转型战略的制定应以内部运营有效性的改善驱动外部用户服务体验的提升为基本准则。对内，构建以数字驱动的面向利益相关方价值创造的业务流程，各个业务环节要形成数据流动模式；对外，要建立用户以及其他利益相关方参与互动的数字化平台，如海尔的卡奥斯，可以实现企业与用户以及其他利益相关方的即时互动。

3. 构建数字化组织结构

1978年诺贝尔经济学奖金获得者赫伯特·西蒙（H. A. Simon）曾指出，有效地开发社会资源的第一个条件是有效的组织结构。要应对当今迅速变化的市场需求，必须为组织创造更为有效的、更具柔性的组织结构和管理方法。组织结构是为实现组织目标，在管理工作中进行分工协作的职、责、权相结合而形成的动态结构体系，其本质是为实现组织战略而采取的一种分工协作体系，是企业战略、资源配置以及权力配置的可视化表达，是企业重要的结构性资源。数字化转型背景下，企业必须变革组织结构，使其具有敏捷的环境反应能力，具备从数据、信息流中汲取能量与提升组织柔性的能力。国有企业数字化转型的关键是构建数字技术赋能平台，为业务创新提供高效数据及一体化服务支撑。要加快企业内网的建设，并推动内外网的互联互通。适应数字化转型需要的新型组织结构的核心是鼓励自组织的涌现。要从串联走向并联再到网络，最终构建出一种生态型的组织。要注重对组织中的职能职责进行调整以及对人员进行优化配置，根据业务流程优化要求建立业务流程职责，匹配调整有关的合作伙伴关系、部门职责和岗位职责等，按照调整后的职能职责和岗位胜任要求，开展员工岗位胜任力分析，注重对人员能力的培养和人员按需调岗等。

4. 完善数字化基础设施

数字化转型的基础设施是决定企业数字化功能的关键。数字化转型的本质是新一代信息技术引发的系统性变革，新一代信息技术作为通用使能技术，需要不断强化其技术赋能作用，并与其他专业技术融合。国有企业要加强网络基础设施建设，提高供给能力；加快5G网络、数据中心等新型基础设施建设，提高信息及时传送、数字实时处理的基础保障能力。特别是要推进5G+工业互联网建设，构建高速、移动、安全、泛在的新一代信息基础设施，扩大网络覆盖范围，提升网络供给能力，努力形成万物互联、人机交互、天地一体的网络空间，为企业数字化转型提供基础保障，并赋能产业链上下游企业。在设备设施方面实现自动化、数字化、网络化、智能化改造升级，对IT软硬件资源进行部署，实现IT网络、OT网络和互联网间的互联互通。

5. 构建数字化智能平台

高效的数字化平台应具备以下特征：①应用场景化，根据不同业务场景，提供个性化应用功能，满足数字化运营过程中各部门接入使用数字化系统的需要；②能力服务化，业务能力共性提取，形成数字化服务接口。要灵活编排业务流程，支持业务敏捷与创新；③数据融合化，全量数据采集汇聚，全域数据融合，全维数据智能分析，为数据决策提供支持；④技术组件化，以组件化框架承载，引入大数据物联网视频智能分析工具、AR、VR等新技术，实现技术架构易扩展、技术元素易集成、技术能力易调用；⑤资源共享化，智能终端网络连接，计算存储资源云化，共享复用，提高数据资源的使用价值。

完善面向市场和客户的灵活型"前台"、保证生产供应的稳定型"中台"以及提供一致的专业服务和支持的标准化"后台"的三台架构，确保每个业务领域都能获得充分授权，权责清晰，提升企业经营的自由度和灵活度。"前台"涉及与客户直接相关的运营业务，对企业的收入、利润、产品开发及市场负责。为了有效管理用户不确定性，前台的设计必须以客户为导向，以有效把握细分市场机会。"中台"主要涉及与生产以及采购等相关的业务，对成本、产能、品质负责。"中台"的设计，主要是强化员工的自主性，以提升组织运营的效率。要强化"中台"的数字基础设施建设，加快运用5G、云计算、区块链、人工智能、数字孪生、北斗通信等信息技术，探索构建适应企业业务特点和发展需求的"数据中台""业务中台"等新型组织架构模式，加快形成集团级数字技术赋能平台，提升核心架构自主研发水平，为业务数字化创新提供高效数据及一体化服务支撑。加快企业内网建设，稳妥推动内网与互联网的互联互通，优化数据中心布局。"后台"主要涉及整体政策、共享服务、管控等相关业务，对企业的服务的有效性与效率负责。"后台"设计的核心是精简机构并强化服务职能。海尔将传统的财务、法务、人力等职能部门转型为"大共享平台"，将职能定位于支持内外部创客的服务。以服务为核心的角色定位，很大程度上减轻了企业其他部门的工作量，简政放权让企业员工与用户实现零距离接触。

在三台结构的基础上，为了保证数字化转型的有序进行，应构建跨部门的工作团队，以协同推进数字化转型工作。可探索建设数字化创新中心、创新实验室、智能调度中心、大数据中心等跨部门合作的新型数字化组织。

6. 完善数字化保障机制

数字化转型的有效性依赖健全的保障机制。要完善组织保障、资源保障、决策机制、激励机制与约束机制、管理方式等数字化转型的保障机制建设，优化组织内外部的数字化运营的协作流程，打造数字化运营的产业链。要构建以数据驱动的平台式组织结构，以实现数据的有效流动与数据共享，为数据的有效利用提供资源支持。实施数字化转型一把手负责制，国有企业领导干部尤其是主要负责人应高度重视，领导班子成员要专人分管，统筹规划、科技、信息化、流程等管控条线，优化体制机制、管控模式和组织方式，协调解决重大问题。要建立与企业营业收入、经营成本、员工数量、行业特点、数字化水平等相匹配的数字化转型专项资金投入机制。要构建以数字为核心的决策机制，董事会要成为以数据驱动创新的高效决策团队。为了确保数字化转型的实施，国有企业应成立专门的数字化转型专业委员会，以协调业务和技术部门，建立数字世界和物理世界间的协同运作机制，统筹推进数字化转型落地。要优化以数据为核心资源的长效激励约束机制建设,以数字运营有效性作为关键绩效考核目标。要从管理模式创新、员工工作方式变革等方面建立与数字化转型相匹配的管理方式和工作方式,推动员工自组织、自学习,主动完成创造性工作。

7. 构建数据价值链生态

数字化时代下,从"链式串接"向"网状互联"的合作方式演进成为行业共识,以生态方式构建数字化系统,可以吸引多价值链的利益相关方协同联动,实现优势互补。数字化系统建设所需的生态合作资源,通常包括咨询设计服务、应用服务、技术平台服务、系统集成服务、运营安全服务和投融资服务等。价值链系统的利益相关方,通过平台发现合作资源、建立合作关系,推动合作落地,实现关键技术自主,能力短板补齐。行业领先企业应在引领产业体系生态化中发挥主导作用。可构建产业链数字化生态协同平台,推动供应链、产业链上下游企业数据贯通、资源共享和业务协同,提升产业链资源优化配置和动态协调水平。要强化跨界合作创新,与内外部生态合作伙伴共同探索形成融合、共生、互补、互利的合作模式和商业模式,培育供应链金融、网络化协同、个性化定制、服务化延伸等新模式,打造互利共赢的价值网络,加快构建跨界融合的数字化产业生态,赋能商业生态系统的价值创造,实现数据驱动的高质量发展。

8. 培育数字化人才队伍

数字化转型的成效取决于既熟悉企业实际情况、拥有丰富经营管理经验，又懂得数字化建设的人才队伍。在推进数字化转型的进程中，须创新人才培养和使用机制，引入具有创新意识、专业知识的管理和技术人才，不断培养数字化应用人才。要加快培育高水平、创新型、复合型数字化人才队伍。除了外部招聘专业化人才之外，更重要的是强化内部数字化的培训，提升干部的数字化管理能力。华为于2019年建立了全球数字化培训中心，开设了覆盖5G、大数据、云、物联网、人工智能等前沿技术的课程，为数字化人才的培养提供一站式解决方案。国有企业中的数字化人才队伍要包括三类人才：①高级管理人员，他们可以是首席执行官（CEO），也可以是首席信息官（CIO），或者首席数字官（CDO）；②数字化专业人才，他们是企业数字化转型的重要人力资源，是企业数字化平台的构建者，可以是系统工程师、软件工程师、硬件工程师、区块链技术人员、大数据专家等；③数字化应用人才，他们是将数字化专业技术与企业转型实践相结合的专业化人才，是企业数字化转型成功的关键。他们来自企业管理、营销、财务、人力资源、生产制造等各个业务领域，是将数字化与业务相融合，运用数字化实现商业生态系统价值创造的实践者。

9. 建立数据工作框架

首先要建立清洁、高质量、可靠的数据源，通过汇聚内外部的海量数据，形成清洁、完整、一致的数据资源。通过基于数据的战略行动，达成资金流、信息流以及物流畅通的能量流动模式。用数据指导业务改进,用数据驱动组织运营。其中,最为关键的是要通过与用户的链接,强化企业在产品研发、生产、运营各个环节与用户交互的频率、广度、深度,做到可触达、可服务、可洞察,以及时掌握用户需求动向,有效实现大规模定制,增强用户的使用价值与体验价值。其次,要推进数据消费的应用。对准消费场景,通过提供统一的数据分析平台,满足自助式数据消费需求。同时为保障各业务领域数据工作的有序开展,需要对数据进行管理,如数据分类、数据感知、数据质量、数据安全与隐私保护等。

10. 构建数字化转型新型能力体系

国有企业开展数字化转型,新型能力建设至关重要,通过构建本企业的新型能力体系,并在运行的过程中不断优化新型能力,快速响应市场需求变化,支持业务按需调用能力,加速推进业务创新转型变革,获得可持续竞争合作优势。具体包括以下几方面的能力:①产品创新能力:产品数字化创新能力、数字化研发设计能力等;②生产与运营管控能力:智能化生产与现场作业管控能力、数字化经营管理能力、信息安全管理能力等;③数据开发能力:数据管理能力、数字业务能力等;④用户服务能力:需求定义能力、快速响应能力、创新服务能力等。⑤员工赋能能力:人才开发能力、知识赋能能力等;⑥生态合作能力:供应链协同能力、生态共建能力等。

11. 完善数据安全保障

数字化转型过程中，大量新技术被广泛应用，带来了企业业务模式的创新，同时也带来了网络安全方面的严峻挑战。国有企业网络结构复杂化、边界模糊化、数据集中化，网络安全风险叠加并趋向多样化，工业控制系统网络内部未能进行区域隔离，企业网络安全面临诸多挑战。国有企业要加强网络安全顶层设计规划，以体系化、工程化的模式建立新型网络安全防御体系；培养和提升员工的网络安全意识和基本技能，加快网络安全专业人才队伍培养，建立网络安全专业人才的选拔、培养、任用机制；建立健全网络安全管理体系，落实主体责任，强化考核监督，明确分工界面、理顺工作流程，实现全产业、全业务、全过程、全要素的网络安全管理；构建网络安全态势感知平台，汇聚来自网络流量、人员行为、安全系统、主机应用以及业务系统的数据，从资产、漏洞、攻击、威胁、风险、行为等维度全面感知安全态势；要落实安全闭环管控，以工业控制系统监督检查、等级测评、风险评估、漏洞修复、数据保护、信息通报和共享、应急处置等为抓手，健全数据安全管理制度和工作机制。

6.4 案例：数字化转型让海尔生态系统持续创造价值

1. 海尔数字化建设状况

为了提高企业的价值创造能力，海尔集团董事局主席张瑞敏于 2005 年推出人单合一模式，并于 2015 年迭代为人单合一 2.0。为了增强用户的体验，提升商业生态系统价值创造能力，海尔推出了具有自主知识产权，以数字化为基础，以互联工厂为载体，以用户体验迭代为中心，将大规模个性化定制为核心职能的卡奥斯工业互联网平台。它是全球首个以用户为中心，实现利益攸关方全流程价值交互的开放式多边平台，实现了全流程以用户体验为中心、各流程并联协同、共创用户价值。

卡奥斯平台以共同进化、增值分享为宗旨，通过大规模定制的模式创新、信息技术与制造技术相融合的技术创新，以及跨行业、跨领域的小微创业机制创新，成为一个多边交互、增值分享的赋能平台。它既是个性化定制平台，也是创新孵化平台以及各类创客创业创新的双创平台。

卡奥斯将用户的需求连接起来，让用户全流程参与产品设计研发、生产制造、物流配送、迭代升级等环节，使企业能根据用户需求进行产品设计与生产，实现了从用户交互到体验迭代再到终身用户的引领，是工业互联网时代制造业实现创新驱动与高质量发展的赋能平台。平台通过打造七大模块产品矩阵，可以实现大规模定制。为了强化卡奥斯的数字化赋能效应，2017 年 4 月海尔以卡奥斯为主体成立全资子公司——海尔数字科技有限公司，其业务涵盖工业互联网平台建设与运营、工业智能技术研究与应用、智能工厂建设以及软硬件集成服务、能源管理等业务模块，助力中国企业实现从大规模制造向大规模个性化定制的升级转型。截至 2020 年 5 月，卡奥斯已经聚集了 3.4 亿用户资源，覆盖了教育、房车、建陶、纺织、服装、农业、磨具、机床、家电、船舶、家居、建筑、运输、化工、食品加工等 15 个行业生态，业务在 20 个国家复制推广，为全球 4.3 万家企业提供服务与解决方案。

2. 海尔卡奥斯的业务模块

卡奥斯平台是由用户驱动的开放共享的生态圈，吸引着全球一流资源。通过培植社群交互的场所并引导用户参与其中，卡奥斯便可实时获取用户的需求和创意，并就此与平台参与方协作，在满足用户需求的同时提升产品的体验价值。

通过长达十余年的内部探索和实践，围绕高精度的用户全流程参与和高效率的智慧生产，卡奥斯形成了用户交互、精准营销、开放式研发、模块式采购、智能生产、智慧物流、智慧服务等七大模块，各个模块通过基于大数据的分布式实时并联，实现了聚焦精准且用户需求持续迭代升级的大规模定制，使供给端与需求端快速匹配，并大幅降低了库存率。具体而言：

（1）用户交互模块。是社群交互定制体验的平台，用户基于平台可以就各种产品需求、新颖创意、精彩评论等在线交互，从而产生有价值的产品改进信息。

（2）精准营销模块。基于 CRM 管理以及用户社群资源，通过大数据研究，将已有用户数据和第三方归集的用户数据进行梳理研究，同时，应用聚类分析，形成用户画像和标签管理的千人千面的精准营销。

（3）开放式设计模块。由三个核心套件即开放式创新平台、HID迭代研发平台和协同开发平台构成。为研发技术需求交互、产品设计实现和满足模块商协同开发交互不同阶段的需求而搭建。

（4）模块化采购。基于模块商协同采购平台开发，是针对模块商资源与用户零距离交互的需求而搭建的模块商资源服务和聚合平台，实现模块商按需设计、模块化供货。采购系统采用分布式架构，用户需求面向全球模块商资源公开发布，系统自动精准匹配推送。

（5）智能生产模块。是智慧产品制造平台，其智能生产软件包括 OES、APS、MES、MMS、EMS、TPM、SCADA、EAM、SPC、WMS 等 12 个核心软件，实现了智能排产、实时监测、精准配送、计划与能源优化等功能，也实现了工厂与用户、与资源的零距离。通过智能套件的部署，可以实现百万级产品的个性化定制需求。

（6）智慧物流模块。由核心的智慧运营和可视化两大类软件套件构成，包含平台预约管理、智慧物流、配送协同平台、物流轨迹可视及智能管车平台等，主要包含 VOM 系统、预约平台、智慧配车系统、HLES3.0、WMS、HUB 分拨以及移动 App 系统等 8 大软件产品，可提供全国仓配一体的，放心、省心和安心的一站式最佳服务体验。

(7）智慧服务模块。新的家电服务业态，用以解决用户对家电维修的需求，通过订单信息化、仓储智能化，为用户提供维修服务解决方案。用户购买产品后通过该平台一键录入家电信息，建立专属家电档案并上传，完全替代传统纸质保修卡，信息永不丢失。

基于以上七大模块，卡奥斯利用互联聚合的各类资源持续将基础软件迭代升级，集成各方面应用数据，形成数据知识化、知识智慧化、共享集约以及大数据四大业务能力。

3. 海尔卡奥斯平台的功能

卡奥斯的核心是用户需求驱动下的大规模定制，用户通过与卡奥斯平台交互传递自身需求，平台将用户需求进行数字化存储分析后，相关第三方便可在充分利用海尔强大的制造能力、大数据和平台以及其他参与方优势的同时，发挥己之所长，共同满足用户需求，并通过持续交互迭代升级用户体验，从而实现各方共创共赢的可持续生态价值。

（1）实现消费者全流程参与的大规模个性化定制。通过卡奥斯的社群交互模块，用户可以全流程、全周期参与到产品创意、研发及制造中，围绕用户需求进行产品创造和生产，实现了供给端与消费端的并联，解决了大规模制造与个性化需求的矛盾，实现大规模定制。这一模式在海尔内部得到了验证。以海尔全空间保鲜冰箱的大规模定制为例，消费者通过在卡奥斯发布自己的需求和创意，平台上510万用户通过社群交互，4000多家全球设计资源响应并提供解决方案。方案成型后,再由消费者投票决定是否量产,采购、生产、销售、服务全流程全要素均通过平台实现并联协同,45天即可快速上市,颠覆了以往开发一个新产品需6个月才上市的体系。由于生产之前就有了订单,实现了按需定制,因此上市即引爆,当天销量达20万台。在这个平台上消费者还可以持续进行产品迭代,目前该款冰箱已迭代到第3代。通过卡奥斯,海尔打造了全球领先的十大互联工厂,产品不入库率已达到71%,不仅增强了用户参与的体验价值,并且大幅度降低了产品库存成本。

(2)通过多边交互的开放平台实现用户、企业、资源零距离交互与共创共享。卡奥斯作为开放的多边共创共享平台,对各个行业保持开放,使利益相关方能在卡奥斯上提升全流程产业竞争力。以基于卡奥斯的衣联网生态平台为例(见图6-1),借助物联网技术,洗衣机做到了既与用户相连,又与服装厂家等产业链企业相连。衣联网平台通过将洗衣机制造数据、消费数据、面料、成衣及洗涤剂的生产消费数据进行汇聚整合,构建起一个跨行业的厂、店、家互联互通的平台。衣联网平台一经发布,就有20余个品牌入驻,海澜之家、博洋家纺等都已签约。目前这一平台上聚集了服装企业2320家、智慧门店5000家、生态资源3600多家,使服装企业的库存降低了30%,服装门店的销量提升超过30%,生态资源方订单提升18%。

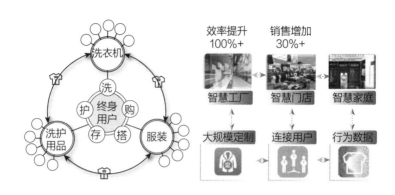

图6-1 海尔衣联网平台

(3) 实现跨行业、跨区域复制。卡奥斯作为一个共创共赢共享的开放平台,具有高扩展性与高复制性,通过交互、设计、采购、智造、物流、服务等 7 大模块构建了衣联、食联、农业、房车、建陶等 15 个产业新生态,赋能更多企业成长,成为众多企业新旧动能转换的载体与转型升级的加速器。平台集聚着各行业的智造大数据、用户大数据、设计大数据以及物流大数据,助力企业了解行业痛点,并即时了解用户需求信息。例如,淄博建陶产业园通过卡奥斯可实现企业成本降低 7%~10%,产能提升 20%(见图6-2);在山东金乡,卡奥斯为农业赋能,通过物联网技术,实现了农产品全流程物联溯源,在 2020 年蒜农普遍亏损的情况下,通过应用卡奥斯,使种植的大蒜售价提升 25%,平台上的蒜农获得了收益。在房车领域,卡奥斯通过为威海房车企业提供房车物联解决方案,将传统房车打造成智慧出行的体验平台,通过定制增值,实现订单增幅 67%,综合采购成本降低

7.3%。此外,海尔还将卡奥斯在全球 20 个国家的工厂进行了推广,同样收到了良好的效果。

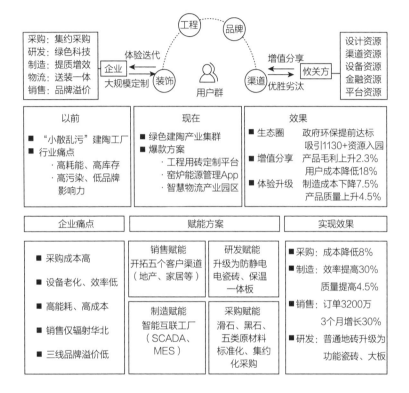

图 6-2 海尔卡奥斯赋能淄博建陶生态

通过持续的数字化建设,卡奥斯成为物联网时代为企业数字化转型提供智能制造整体解决方案的共创共赢的生态系统,与其他工业互联网平台相比,卡奥斯呈现出明显的高差异性,在全球实现了引领。国际三大标准组织 IEEE/ISO/IEC 批准由海尔牵头主导制定大规模定制的国际标准,这是首个由中国企业主导制定的制造业模式的国际标准,标志着海尔模式走在了世界的前列。2018年世界经济论坛公布了全球首批先进"灯塔工厂"名单,海尔成为唯一入选中国企业。

资料来源:海尔卡奥斯官网,http://www.cosmoplat.com

案例思考:

1)海尔数字化建设取得了哪些成就?

2)海尔卡奥斯平台的主要功能有哪些?

3)大规模个性化定制如何有效落地?

4)如何看待数字化运营中的大数据与小数据的关系?

参考文献

[1] 安筱鹏. 数字化转型的关键词[J]. 信息化建设, 2019(06): 50-53.

[2] 白云龙. 基于经济权力结构视角的包容性增长研究[M]. 天津: 南开大学出版社, 2015: 54-57.

[3] 白云翔. 汉代工匠精神是如何铸就的[J]. 人民论坛, 2017(27): 142-144.

[4] 陈德金. 变革时代的企业文化之道——"企业文化理论之父"埃德加·沙因专访[J]. 清华管理评论, 2016(06): 42-47.

[5] 陈春花. 共享时代的到来需要管理新范式[J]. 管理学报, 2016, 13(02): 157-164.

[6] 陈春花. 企业文化塑造[M]. 北京: 机械工业出版社, 2016.

[7] 陈春花, 乐国林, 李洁芳, 等. 企业文化[M]. 3版. 北京: 机械工业出版社, 2019.

[8] 陈春花. 传统企业数字化转型能力体系构建研究[J]. 人民论坛·学术前沿, 2019(18): 6-12.

[9] 陈剑, 黄朔, 刘运辉. 从赋能到使能——数字化环境下的企业运营管理[J]. 管理世界, 2020(02): 117-129.

[10] 程素梅. 量子理论的哲学宣言[J]. 中国社会科学,2019(02).

[11] 陈阵. 国企改革中企业领导能力的作用及发展方向[J]. 生产力研究,2019(03):135-138.

[12] 德鲁克. 管理:任务、责任和实践[M]. 刘勃,译. 3版. 北京:华夏出版社,2008.

[13] 雷恩. 管理思想的演变[M]. 李柱流,赵睿,译. 北京:中国社会科学出版社,2004.

[14] 董梅. 战略领导力研究视角探析及展望[J]. 现代管理科学,2019(09):84-86.

[15] 郭桂梅,段兴民. 员工—组织关系、内在动机与员工创造性——中国企业的实证研究[J]. 管理评论,2008(03):16-24.

[16] 黄速建. 国有企业改革三十年:成就、问题与趋势[J]. 首都经济贸易大学学报,2008(6):5-22.

[17] 黄群慧. 地方国资国企改革的进展、问题与方向[J]. 中州学刊,2015(5):24-31.

[18] 黄群慧,等. 新时期全面深化国有经济改革研究[M]. 北京:中国社会科学出版社,2015:12.

[19] 黄亮,彭璧玉. 工作幸福感对员工创新绩效的影响机制——一个多层次被调节的中介模型[J]. 南开管理评论,2015(02):15-29.

[20] 黄速建,肖红军,王欣. 论国有企业高质量发展[J]. 中国工

业经济,2018(10):19-41.

[21] 顾铁民.新时代国企领导干部的核心胜任能力[N].学习时报,2018-09-21(004).

[22] 韩卫宏.企业文化·职业素养[M].北京:机械工业出版社,2019.

[23] 贾良定,周三多.论企业家精神及其五项修炼[J].南京社会科学,2006,(9):29-35.

[24] 姜华彪,雷晓凌,陶启刚.大数据时代下组织智能化与模型构建研究[J].价值工程,2019,38(22):296-299.

[25] 康丽群,刘汉民.企业社会资本参与公司治理的机制与效能:理论分析与实证检验[J].南开管理评论,2015(18):72-81.

[26] 孔宪峰.坚持党的领导、加强党的建设,是国有企业的"根"和"魂"——学习习近平关于加强党对国有企业领导的论述[J].党的文献,2018(02):12-17.

[27] 李新春,苏琦,董文卓.公司治理与企业家精神[J].经济研究,2006(02):57-69.

[28] 李学龙,龚海刚.大数据系统综述[J].中国科学:信息科学,2015(01):1-44.

[29] 李建林,田立亭,来小康.能源互联网背景下的电力储能技术展望[J].电力系统自动化,2015,39(23):15-25.

[30] 李乃新.用信息化塑造新时代国企的"根"和"魂"[N].陕西日报,2018-04-24(004).

[31] 李辉,梁丹丹. 企业数字化转型的机制、路径与对策[J]. 贵州社会科学,2020(10):120-125.

[32] 雷宏振,侯娜. 主管支持感、主管信任与组织成员间的知识转移效果[J]. 科技进步与对策,2012(05):142-146.

[33] 罗珉,李亮宇. 互联网时代的商业模式创新:价值创造视角[J]. 中国工业经济,2015(01):95-107.

[34] 李建华,刘霞. 现代企业文化理论与实务[M]. 北京:机械工业出版社,2015.

[35] 李亚民. 企业文化学[M]. 北京:机械工业出版社,2015.

[36] 孟凡驰. 企业文化研究[M]. 北京:中国经济出版社,2016.

[37] 彼得·德鲁克. 卓有成效的管理者[M]. 许是祥,译. 北京:机械工业出版社,2019.

[38] 潘亮. 从"五力"变更看国有企业的使命与担当[J]. 国有资产管理,2020(7):38-41.

[39] 任腾飞. 牢记新时代发展使命建设世界一流航天企业集团——专访航天科技集团党组书记、董事长吴燕生[J]. 国资报告. 2018(12):16-19.

[40] 宋志平. 以企业家精神激发市场活力[N]. 经济日报,2017-03-31(014).

[41] 孙艺丹,胡士悦. 领导者心理资本与领导效能[J]. 合作经济与科技,2018(22):103-105.

[42] 沈小滨. 变革领导力的关键行动与战略思维[J]. 中国领导

科学,2019(03):58-63.

[43]苏勇.用优秀文化提升企业核心竞争力[J].企业文明,2013(12):35-37.

[44]沙因,沙因.组织文化与领导力[M].陈劲,贾筱,译.5版.北京:中国人民大学出版社,2020.

[45]谭小宏,秦启文,潘孝富.企业员工组织支持感与工作满意度、离职意向的关系研究[J].心理科学,2007(02):441-443.

[46]唐家乐.国有企业党建扎根企业文化矩阵的实践与探索[J].企业改革与管理,2020(10):211-212.

[47]吴文娴.加强国企领导班子建设的几点思考[J].产业创新研究,2019(07):81-82.

[48]王彦玲.新常态下强化国有企业领导干部监督管理的研究[J].企业科技与发展,2019(06):244-245.

[49]王薇.企业文化概论[M].北京:机械工业出版社,2019.

[50]王新超.追求卓越:企业文化理论的缘起和未来[J].互联网经济,2016(08):80-85.

[51]习近平.决胜全面建成小康社会,夺取新时代中国特色社会主义伟大胜利——在中国共产党第十九次全国代表大会上的报告[J].党建,2017(11):15-34.

[52]习近平.实施国家大数据战略,加快建设数字中国[J].中国信息安全,2018(01):28-29.

[53]许保利. 国有企业改革的历程(1978—2008)[J]. 国有资产管理, 2008(09): 71-76.

[54]邢占军. 主观幸福感测量研究综述[J]. 心理科学, 2002(3): 336-342.

[55]谢永珍, 王维祝, 钟安石. 系统思维与利益相关者共同治理[J]. 经济与管理评论, 2003(1): 54-56.

[56]谢宝国, 辛迅, 周文霞. 工作使命感: 一个正在复苏的研究课题[J]. 心理科学进展, 2016, 24(5): 783-793.

[57]谢永珍. 张瑞敏量子思维赋能海尔模式创新[J]. 董事会, 2019(03): 76-77.

[58]谢永珍. 量子新科学与组织管理:挑战与思维创新[J]. 互联网经济, 2019(08).

[59]谢永珍. 企业目的: 宣言与启示[J]. 董事会, 2019(10): 61-65.

[60]辛杰, 谢永珍, 屠云峰. 从原子管理到量子管理的范式变迁[J]. 管理学报, 2020, 17(01): 12-19.

[61]辛杰, 谢永珍, 范蕾. VUCA背景下量子型领导的源起、维度与测量[J]. 商业经济与管理, 2020(04): 39-51.

[62]新玉言. 公权与法治——党政干部依法治国必修课[M]. 北京: 台海出版社, 2016: 9-16.

[63]尹俊, 王辉, 黄鸣鹏. 授权赋能领导行为对员工内部人身份感知的影响: 基于组织的自尊的调节作用[J]. 心理学报,

2012(10):1371-1382.

[64] 于容薷.加强国企领导干部管理工作的措施[J].管理观察,2019(14):42-43.

[65] 中国科学院领导力课题组,霍国庄,苗建明.战略领导力模式研究[J].领导科学,2009(04):4-7.

[66] 郑烨,刘伟.工作满意度、主观幸福感与工作绩效[J].财经问题研究,2012(12):23-30.

[67] 赵海霞,郑晓明.工作使命感研究现状与展望[J].经济管理,2013,35(10):192-199.

[68] 赵黎明.当代国有企业文化建设研究[D].吉林大学,2015.

[69] 张维佳.基于"党管干部原则"的国有企业企业家精神培育路径构建[J].理论探讨,2017(03):101-105.

[70] 张健慧.探讨如何做好优秀的国企管理团队领导[J].现代国企研究,2019(10):20.

[71] 张钢,李慧慧.从个体领导力到组织领导力——战略领导力研究的新趋向[J].中国地质大学学报(社会科学版).2020(05):106-118.

[72] 钟宗畅.企业文化理论观点综述[J].经济学动态,1989(12):27-31.